本专著为广州市社会科学规划项目（2020GZGJ121）阶段性成果。

光明社科文库
GUANGMING DAILY PRESS:
A SOCIAL SCIENCE SERIES

·经济与管理书系·

高新技术虚拟企业价值评估研究

刘照德 | 著

光明日报出版社

图书在版编目（CIP）数据

高新技术虚拟企业价值评估研究 / 刘照德著. --北京：光明日报出版社，2022.12
ISBN 978-7-5194-7061-6

Ⅰ.①高… Ⅱ.①刘… Ⅲ.①高技术企业—虚拟公司—企业管理—研究 Ⅳ.①F276.44

中国版本图书馆 CIP 数据核字（2022）第 253446 号

高新技术虚拟企业价值评估研究
GAOXIN JISHU XUNI QIYE JIAZHI PINGGU YANJIU

著　　者：刘照德	
责任编辑：刘兴华	责任校对：李　倩　张慧芳
封面设计：中联华文	责任印制：曹　净

出版发行：光明日报出版社
地　　址：北京市西城区永安路 106 号，100050
电　　话：010-63169890（咨询），010-63131930（邮购）
传　　真：010-63131930
网　　址：http://book.gmw.cn
E - mail：gmrbcbs@gmw.cn
法律顾问：北京市兰台律师事务所龚柳方律师

印　　刷：三河市华东印刷有限公司
装　　订：三河市华东印刷有限公司

本书如有破损、缺页、装订错误，请与本社联系调换，电话：010-63131930

开　　本：170mm×240mm
字　　数：180 千字　　　　　　印　　张：14.5
版　　次：2023 年 6 月第 1 版　　印　　次：2023 年 6 月第 1 次印刷
书　　号：ISBN 978-7-5194-7061-6
定　　价：89.00 元

版权所有　　翻印必究

目 录
CONTENTS

第一章　绪论 …………………………………………………………… 1

第二章　文献综述及相关基础理论 …………………………………… 29
　第一节　文献综述 …………………………………………………… 30
　第二节　相关基础理论 ……………………………………………… 53

第三章　高新技术虚拟企业价值构成与评估特性研究 ……………… 74
　第一节　高新技术虚拟企业的类型 ………………………………… 75
　第二节　基于产品的高新技术虚拟企业特征 ……………………… 83
　第三节　基于产品的高新技术虚拟企业成长规律分析 …………… 86
　第四节　高新技术虚拟企业发展过程的风险特性 ………………… 91
　第五节　基于产品的高新技术虚拟企业价值分析 ………………… 96
　第六节　实物期权在我国的应用现状调查 ………………………… 105

第四章　高新技术虚拟企业价值评估框架设计 ……………………… 114
　第一节　几个基本假设 ……………………………………………… 115
　第二节　基于产品的高新技术虚拟企业阶段特征 ………………… 121
　第三节　各种虚拟模式下高新技术虚拟企业期权特性 …………… 123

第四节 基于产品的高新技术虚拟企业综合风险系数估计……… 129
第五节 基于产品的高新技术虚拟企业价值评估框架…………… 136

第五章 基于不同方法的高新技术虚拟企业价值评估模型及应用
……………………………………………………………………… 139
第一节 基于单期二项式树法的高新技术虚拟企业价值评估模型
……………………………………………………………………… 141
第二节 基于多期二项式树法的高新技术虚拟企业价值评估模型
……………………………………………………………………… 144
第三节 基于B-S的高新技术虚拟企业价值评估模型 ………… 146
第四节 基于复合期权的高新技术虚拟企业价值评估模型……… 149
第五节 应用分析……………………………………………………… 152

第六章 高新技术虚拟企业价值模糊评估模型……………………… 181
第一节 模糊数理论及运算…………………………………………… 182
第二节 基于一般模糊数形式的高新技术虚拟企业价值评估模型
……………………………………………………………………… 184
第三节 基于特殊模糊数形式的高新技术虚拟企业价值评估模型
……………………………………………………………………… 191
第四节 数值例子……………………………………………………… 198

结　论……………………………………………………………………… 207

附录 实物期权方法在我国的应用现状问卷调查表………………… 210

参考文献…………………………………………………………………… 212

第一章 绪论

一、研究背景及意义

（一）研究背景

2008年美国的次贷危机，导致了世界金融危机和经济萧条，经历艰难的10年后，直到2018年才看到世界经济恢复的曙光。但2018年美国发起"中美贸易战"，全方位对中国进行贸易制裁和技术封锁，导致世界经济复苏曙光陡然暗淡。2019年年末开始的新冠肺炎疫情，对世界经济造成严重冲击。2022年2月爆发俄乌战争。新冠肺炎疫情叠加俄乌战争，这是对世界经济和全球供应链的极限测试。任何一个国家都无法独善其身。这一系列重大事件给中国经济和社会发展带来了困难和冲击，但也提供了新的转型契机。在实现经济转型的历史进程中，这些事件支撑着中国经济的企业群体，肩负着举足轻重的作用。从一定意义上说，企业群体的转型成败，决定着整个经济的转型成败；中国经济转型的成败，又决定着资本市场和企业群体的兴衰。而这一切离不开我国高新技术产业的发展。

高新技术企业对国民经济发展的推动作用日趋显著，其发展的程度已经成为衡量一个国家和地区竞争实力和发展潜力的重要标准之一。例如，至 2020 年我国共有高新技术企业 269896 家，比 2000 年 20867 家增长了 12 倍，年均增长 13.7%；2020 年高新技术企业营业收入为 520845 亿元，比 2000 年 15648.7 亿元增长了 32 倍，年平均增长 19.15%；2020 年高新技术企业年末从业人员为 3858.8 万人，比 2000 年的 442.3 万人增长了 7.7 倍，年平均增长 11.44%[①]。可见，高新技术企业发展非常迅速，已经成为推动我国产业转型升级，转变经济发展方式的重要力量。但随着数字经济时代的来临，全球经济呈现出知识化、网络化和一体化的发展趋势，加上以计算机为基础的信息技术取得了飞速发展，使得数据、资本、技术和商品的流通和交换趋向全球化，世界经济越来越一体化，这种趋势使高新技术企业经营的宏观环境发生了根本性变化，尽管以美国为首的西方同盟国家对我国经济实行所谓"脱钩"，是不可能得逞的，世界经济发展的历史大趋势是无法逆转的。

全球性竞争越来越激烈，顾客对企业提供的产品和服务的要求日益提高，消费者的需求趋于个性化和多样化，对产品或服务及时提供的准确性要求也越来越高，而对单一企业产品和服务的依赖性和满意度却在不断降低。在顾客需求日益多样化、精细化和个性化要求下，市场竞争更加激烈，市场波动不断加剧，竞争对象也越来越不确定，以至于企业不得不将有限的资源集中于其最具竞争优势的领域来增强其核心能力，但单个企业的核心能力并不能保证其在全球市场上能够提供最具竞争力的产品和服务，因为提供这样的产品和服务，必须依赖于整个价值链中各环节上所有资源和能力的整合，而现实中能够提供全价值链环节的产

---

① 科学技术部火炬高技术产业开发中心. 2021 中国火炬统计年鉴［M］. 北京：中国统计出版社，2021：48.

品和服务的企业几乎不存在。因此，单个企业仅仅依靠自身的资源和能力难以满足快速变化的市场需求，必须借助其他相关企业的优势资源或核心能力来弥补企业自身资源的不足。在此背景下，一种新型企业组织模式诞生了，即虚拟企业。虚拟企业是1991年由肯尼斯·普赖斯（Kenneth Preiss）、史蒂文·L.高曼（Steven L. Goldman）和罗杰·N.内格尔（Roger N. Nagel）等在《21世纪制造业发展战略：一个工业主导的观点》报告中首次提出[1]，现有企业的自身调整步伐和反应速度已经不能适应全球化背景下市场环境的变化速度，对单个企业而言，仅仅依靠自身内部资源的整合已经不能满足快速变化的市场需求。必须寻找一种反应速度更快、调整步伐更敏捷的新型企业组织形式来满足快速变化的市场需求，他们认为虚拟企业就是一种这样的新型企业组织形式，它通过快速的整合企业内外部资源，增强企业整体的竞争能力，在最大程度上满足用户需求。可见，虚拟企业是历史的选择，也是企业为了适应快速变化的市场环境，提高自身核心竞争力的必然选择。

相对于传统企业而言，高新技术企业具有高投入、高收益和高风险等特征，在高度竞争和快速变化的市场下，高新技术企业只有通过合作，才能分散投资风险和减轻市场竞争压力。合作的方式有很多，比如组成合作创新、动态联盟等，但在高新技术领域中高达50%到60%的动态联盟会以失败而告终，而且，每年投放市场的新产品只有约50%会取得成功[2]，这说明像动态联盟这类新型组织模式也不能解决高新技术企业所面临的各种问题，无法降低高新技术企业所面临的各种不确定性

---

[1] Kenneth Preiss, Steven L. Goldman Bethlehem: Roger N. Nagel. 21st Century Manufacturing. Enterprise Strategy: an Industry-led View [M]. Iacocco Institute, Lehigh University, 1991: 64.

[2] BUCHEL B. Managing Partner Relations in Joint Ventures [J]. MIT Sloan Management Review, 2003 (4): 93.

和风险。为了解决高新技术企业成功率低、失败率高等问题,人们试图寻找一种更好、更优的组织形式来代替现有的合作方式,所以,将虚拟合作模式引入高新技术领域组建高新技术虚拟企业(High-tech Virtual Enterprise,HNTVE),具有现实的必要性和迫切性,不仅有利于高新技术企业培养其持续核心竞争力,还能整合局部核心优势,使我国高新技术产业在目前整体规模和研发能力不足的形势下能迅速而有效地进行技术创新。

(二)研究意义

对虚拟企业或高新技术虚拟企业的研究越来越受到人们的重视,以至于虚拟企业研究成为当前国内外研究的热点,也取得了不少研究成果,但当前的研究主要针对虚拟企业定义、伙伴选择、运作机制、利益分配等问题进行了分析,很少有研究虚拟企业或高新技术虚拟企业的价值评估问题的。试图通过本书的研究,丰富企业价值评估理论,为高新技术虚拟企业的价值评估建立一种新的分析框架,具体体现在以下几个方面:

第一,高新技术虚拟企业价值的正确评估,是构建高新技术虚拟企业的基础和前提。任何一项投资决策,在行动前必须对其面临的各种风险以及结果进行正确评估。同样,组建高新技术虚拟企业时,决策者必须事先对组建高新技术虚拟企业所面临的风险、取得的收益等问题进行考虑;高新技术虚拟企业能否成功组建和保持稳定离不开各成员企业间的密切合作,其中合理的收益分配是成功组建高新技术虚拟企业的重要保证,而利益的正确分配是建立在正确评估高新技术虚拟企业价值基础上的。可见对高新技术虚拟企业价值进行正确评估是其正确组建的前提,也是高新技术虚拟企业稳定发展的重要保证。因而,对高新技术虚拟企业价值评估进行研究具有较高的现实意义。

第二，将包含有高新技术虚拟企业的实体企业进行转让和拍卖时，需要对包含的高新技术虚拟企业价值进行科学评估，这样才能对企业整体价值做出正确评估。

第三，本书对高新技术虚拟企业的内涵、边界及价值构成进行深入分析，对人们认识和了解高新技术虚拟企业具有一定的现实意义和理论价值。从首次提出虚拟企业概念至今，虚拟企业的发展也有30年时间，在其发展过程中，虚拟企业的内涵和形式都在不断地丰富和改变，目前为止，学界还没有给虚拟企业一个严格的定义，对于高新技术虚拟企业来说也一样。正因为虚拟企业正在不断地发展和完善，其概念的内涵和外延也都在不断地变化和丰富，所以，为了更深入地研究虚拟企业，本书从虚拟企业家族中选择最具代表性的高新技术虚拟企业进行研究，这样，通过对高新技术虚拟企业的内涵、企业边界、企业价值创造过程等进行深入分析，这不仅可以提高人们对虚拟企业的正确认识，而且更好地使用虚拟企业这种新型组织模式来提高企业的整体竞争力。

第四，本书运用了实物期权理论来正确评估高新技术虚拟企业价值，丰富了企业价值评估理论和方法。高新技术虚拟企业的产生，是因为高新技术企业无法适应变化多端的市场环境，无法满足快速变化的市场需求，而市场环境和需求的快速变化要求高新技术企业在进行投资决策时必须具有高度的灵活性，这种灵活性使得高新技术企业在管理和决策中保持一定的柔性。现有企业价值评估技术大多偏重企业现有资产的价值评估，并假定所有投资都是一次性的、不可逆的，很少对企业未来投资机会、发展潜力的价值进行评估，无法反映企业未来的投资机会价值，往往会低估企业价值，而实物期权理论在没有抛弃传统评估方法的情况下，考虑了企业面临的不确定性可能在未来带来的投资价值。本书在正确分析高新技术虚拟企业价值构成基础上，结合传统价值评估方法与实物期权方法，构建了不同类型高新技术虚拟企业价值评估模型，丰富了企业价值评估理论和方法，具有一定的理论价值和现实意义。

第五，本书构建了模糊环境下的高新技术虚拟企业价值模糊评估模型，丰富了企业价值评估研究的理论框架，具有一定的理论价值和现实意义。在评估高新技术虚拟企业价值时，需要对未来预期现金流现值、折现率等多个变量或参数的取值进行预测估计。一般情况下，在应用价值评估方法时，假设各变量值都是某一个确定数，但由于技术和市场存在各种不确定性，这些变量很难用一个确定的值来表示，而模糊测度理论可以解决这个问题。本书利用模糊测度理论，将未来预期现金流现值、折现率、资产波动率和无风险利率等看成模糊数，建立模糊环境下高新技术虚拟企业价值模糊评估模型，扩展了价值评估方法的使用范围，使评价结果更接近现实，这对完善和丰富企业价值评估理论，具有一定的理论意义和现实意义。

综上所述，本书在理论上探讨了高新技术虚拟企业内涵、价值构成及价值成长等问题，并且紧密联系实际，结合具体案例分别考虑了基于产品的高新技术虚拟企业价值评估问题，这在理论上完善和丰富了相关评估理论和方法，在应用上弥补了现有企业价值评估方法存在的不足，因此本书对基于产品的高新技术虚拟企业内涵、价值组成及价值评估进行研究具有一定的理论和现实意义。

二、研究概念的界定

（一）高新技术

人们一般认为"高技术"这个概念源于美国，该词的英语是 High

Technology，简写为 high-tech。早在 20 世纪 60 年代，美国出版了一本名叫《高格调技术》的书。在该书里，着重描写了当时人们对高技术这一新生事物的高度关切。到了 70 年代，高技术的用语开始日益增多，主要是泛指一大批新型技术产品和引发出来的一些技术变革。1981 年，美国出现了以"高技术"命名的专业刊物——High Technology 月刊。1983 年美国出版的《9000 词 韦氏第三版新国际英语大词典》（9000 WORDS—A Supplement to Webster's Third New International Dictionary）正式收录了"高技术"一词[1]。由于高技术是一个发展着的概念，由于所处社会环境和经济发展水平的不同，使得人们在认识和使用高技术概念时呈现不一致[2]。

我国从 20 世纪 80 年代开始对国外高技术产业发展动态进行了跟踪研究，并引入了高技术概念。我国在"863"计划中提及的"高技术产业"与发达国家高技术产业的一般概念比较接近，特指一些在国际前沿领域具有世界级水平的新型技术产品和引发出来的一些技术变革。此后，根据党的十三大提出"注意发展高技术、新兴技术产业"的要求，原国家科委从 1988 年 7 月开始实施"火炬计划"，它与"863"计划的一个显著区别是将"高技术产业"延伸为"高技术、新技术产业"，将"高技术产品"变化为"高技术、新技术产品"。此后，我国出现了高技术产业与新技术产业相提并论的情况，随着我国产业结构的转型升级及市场经济的逐步建立，最后被统称为"高新技术"，但其英语名称为 High New Technology，简写为 high-new-tech。它有两含义：高技术是指在一定时间里水平较高、反映当时科技发展最高水平的技术，主要特征

---

[1] merriam-Webster, INC. 9000 WORDS-A Supplement to Webster's Third New International Dictionary [M]. Springfield: Merriam-Webster, 1983: 256.
[2] 陈益升，刘鲁川. 高技术概念定义的分析 [J]. 自然辩证法通讯，1998（5）：39.

是知识高度密集化,属于高风险、高投入、高效益和高智力的技术。新技术是相对原有旧技术而言的,是指填补国内空白的技术,在世界范围内它并不一定是高技术,但对于像我国这样的发展中国家来说是"最新、最先进的"。可见,从"高技术"—"高技术、新兴技术"—"高新技术"的演化过程来看,高新技术概念的内涵是在不断发展和变化的,并且随着我国科技发展水平的变化而变化,是一个相对的、发展的概念。

根据我国的产业发展规划和行业发展特征,1991年,原国家科技部将我国高新技术范围划定为包括微电子和电子信息技术和医药科学和生物医学工程技术等11类。

(二)高新技术企业

由于各国所处的社会背景和经济发展水平不同,导致对高新技术概念的理解存在差异,其包含的技术范围自然也不同,所以,对高新技术企业的认定不同的国家有不同的标准。国外一般是从产业角度来认定高新技术企业,即按照企业的行业属性来定,如果该企业所属的行业是高新技术产业领域,就称该企业为高新技术企业[①]。这种界定明显容易将真正从事高新技术研究开发的企业与从不进行高新技术研究但销售高新技术产品的企业相混淆,存在将高新技术企业外延扩大化的缺点,因为处于高新技术产业领域的企业不一定是高新技术企业,例如一家电脑软件销售公司,该公司本身不开发软件只销售软件,虽然其处于高新技术产业领域,很难说它就是高新技术企业。

我国对高新技术企业的认定,是根据企业所从事的领域是否是高新

---

① 王大维. 高新技术企业价值评估 [D]. 北京:首都经济贸易大学,2007:12.

技术来确定其企业属性的，且其认定有严格的标准和程序，并定期进行复核检查。2008年4月18日，科技部、财政部和国家税务总局下达了"关于印发《高新技术企业认定管理办法》的通知"，通知认为我国的高新技术企业是指："在《国家重点支持的高新技术领域》内，持续进行研究开发与技术成果转化，形成企业核心自主知识产权，并以此为基础开展经营活动，在中国境内（不包括港、澳、台地区）注册一年以上的居民企业"。2016年科技部、财政部、国家税务总局对《高新技术企业认定管理办法》[①]进行了修订完善。根据《高新技术企业认定管理办法》，高新技术企业认定须同时满足以下八大条件：

（1）企业申请认定时须注册成立一年以上；

（2）企业通过自主研发、受让、受赠、并购等方式，获得对其主要产品（服务）在技术上发挥核心支持作用的知识产权的所有权；

（3）对企业主要产品（服务）发挥核心支持作用的技术属于《国家重点支持的高新技术领域》规定的范围；

（4）企业从事研发和相关技术创新活动的科技人员占企业当年职工总数的比例不低于10%；

（5）企业近三个会计年度（实际经营期不满三年的按实际经营时间计算，下同）的研究开发费用总额占同期销售收入总额的比例符合如下要求：

①最近一年销售收入小于5,000万元（含）的企业，比例不低于5%；

②最近一年销售收入在5,000万元至2亿元（含）的企业，比例不低于4%；

[①] 见国科发火〔2016〕32号文。

③最近一年销售收入在 2 亿元以上的企业,比例不低于 3%。

其中,企业在中国境内发生的研究开发费用总额占全部研究开发费用总额的比例不低于 60%;

(6) 近一年高新技术产品(服务)收入占企业同期总收入的比例不低于 60%;

(7) 企业创新能力评价应达到相应要求;

(8) 企业申请认定前一年内未发生重大安全、重大质量事故或严重环境违法行为。

(三) 虚拟企业

20 世纪 80 年代,日本制造业发展突飞猛进,已经严重威胁到长期占据领先地位的美国制造业。1991 年,美国国防部委托里海大学艾柯卡研究所组成以 13 家大公司为核心、100 多家公司参加的联合研究团队,对美国在世界工业格局中的作用和角色进行研究,最终由美国 Lehigh 大学亚科卡(Iacocca)研究所的肯尼斯·普赖斯(Kenneth Preiss)、史蒂文·L. 高曼(Steven L. Goldman)和罗杰·N. 内格尔(Roger N. Nagel)等(1991)在《21 世纪制造业发展战略:一个工业主导的观点》报告中首次提出虚拟企业(Virtual Enterprise,VE)[①]:"当前市场环境的变化速度超过了企业自身调整的步伐,企业无法以相应的速度调整自己、适应新环境的变化,单个企业仅仅依靠自身内部资源的整合已难以满足快速变化的市场需求",必须寻找一种新型企业组织形式来满足这种需要,于是首次提出虚拟企业的概念,并提出了

---

① Kenneth Preiss, Steven L. Goldman Bethlehem: Roger N. Nagel. 21st Century Manufacturing. Enterprise Strategy: an Industry – led View [M]. Iacocco Institute, Lehigh University, 1991: 64.

"以虚拟企业为基础的敏捷制造模式,即以竞争能力和信誉度为依据,选择合作伙伴,组成虚拟企业,以增强企业整体的竞争能力,在最大程度上满足用户需求。"可见,虚拟企业这种新型组织模式是在企业面临一个越来越复杂多变、不确定的、不可预测的、竞争非常激烈的外部市场环境下提出的。因为世界经济环境发生了根本性变化,经济全球化势不可挡,企业间的竞争是世界范围内的竞争;高新技术飞速发展,产品生命周期越来越短;消费者个性化、多样化和快速化;市场环境的快速变化和不确定性明显增加,仅凭单个企业自身的力量已经很难适应市场发生的急剧变化。企业为了生存和发展,必须联合其他企业以适应新形势的变化要求,借助其他企业的核心优势来弥补自身资源的不足,降低经营风险,于是企业间必须组建虚拟企业。

虚拟企业(Virtual Enterprise,VE)又称虚拟公司(Virtual Corporations)、虚拟组织(Virtual Organization)、敏捷企业(Agile Enterprise)、动态联盟(Dynamic Alliance)等,自从虚拟企业概念提出后,其概念和内涵就不断发展和丰富。人们对虚拟企业的理解也千差万别,从上面虚拟企业有多种不同称呼可见端倪,下面是几个有关虚拟企业定义的典型观点:

定义1:虚拟企业的创始人肯尼斯·普赖斯等(1991)在其首次提出该概念的报告中认为,"虚拟企业仅仅是作为一种企业系统化革新手段,一旦特定产品或项目任务完成,虚拟企业将自动解散或重新组合"。

定义2:威廉姆·H.达维多(William H. Davidow)和迈克尔·S.马龙(Michael S. Malone)认为"虚拟企业应该为了新的商业革命,生产一种'费时短,且可以同时在许多地点满足不同的客户化需要'的虚拟产品,生产这种虚拟产品的企业从外部来看将表现为'几乎无边界的,在企业、供应商和顾客之间具有可渗透的、可连续变化的界面或接口'。从内部来看,将是非定型的,传统的办公室、部门将根据需要进行不断的改革"①。

定义3:约翰·A. 伯恩(John A. Byrne)认为,"虚拟企业是一些相互独立的企业(供应商、客户甚至竞争对手)通过信息技术联系起来的、暂时性的网络结构性组织,网络组织中的独立企业在各自最擅长的领域分别贡献出自己的核心能力,分担风险与利润,它既没有合适的中心办公室,也没有实体企业的组织结构图,既没有任何层次,也非垂直集成"②。

定义4:史蒂文·L. 戈德曼(Steven L. Glodman)、罗杰·N. 内格尔(Roger N. Nagel)和肯尼斯·普赖斯(Kenneth Preiss)等指出,"通过计算机网络和远程通信技术的结合,使许多企业有可能将地理位置上和组织上分散的能力结合成虚拟企业,并在该过程中获得强有力的竞争优势"。

定义5:里克·达夫(Rick Dove)认为"虚拟企业是一个由机遇驱动、临时性的、从适当资源中挑选出来的'工程小组',它随着机遇产生或发现而产生,随机遇的逝去而消亡,它可能是大公司的不同部门之间的合作构成,甚至也可能由不同国家的不同公司联合而成的"③。

定义6:格雷林·R. 和麦逖斯·G. (Grainer R., Metes G.)认为"虚拟企业是一个领导型企业和其他组织在内部或外部形成的联盟,这个联盟具有在极短的时间内建立起来某种特定产品或服务的世界一流竞

---

① DAVIDOW W H, MALONE M S. The Corporation:Structuring and Revitalizing the corporation for the 21st Century [M]. New York:Harper Business, a division of HarperCollins Publisher, 1992:21
② BYRNE J A. Virtual Organization [N]. Business Week, 1993, February 8:37-41.
③ 衣长军. 国外虚拟企业理论研究综述 [J]. 商业时代, 1997 (14):41.

争能力"[1]。

定义7：沃尔顿·J.和惠克·L.（Walton J.，Whicker L.）认为"虚拟企业是由相互独立之企业的一系列'核心能力'结点组成，这些结点组成一个供应链以抓住某一特定的市场机会"[2]。

定义8：图卢里·S.和贝克·R.C.（Talluri S.，Baker R. C.）认为，"虚拟企业是一些相互独立的商业过程或企业的暂时联盟，这些企业在诸如设计、制造、分销等领域分别为联盟贡献出自己的核心能力，已实现技能共享和成本、风险分担，适应快速变化的市场机遇"[3]。

定义9：阿普尔盖特·L.M.、麦克法伦·F.W.和马肯尼·J.L.（Applegate L. M., Mcfarlan F. W., Makenney J. L.）认为，"虚拟企业是指企业保留协调、控制以及资源管理的活动，而将所有或大部分的其他活动外包，结果是减少了销售渠道中的中介者，而本身只有保留了少数的核心能力，以及为了协调控制其关系网络所需的管理系统"[4]。

定义10：陈菊红，汪应洛（2000）认为"虚拟企业是由多个企业群体基于市场机遇而结成的动态联盟"[5]。

定义11：包国宪（2007）认为，"虚拟企业是指由价值链不同环节上具有核心能力的独立厂商，为适应环境变化、把握市场机遇、实现成本分担及资源和能力的共享，以知识、项目、产品或服务为中心，通过

---

[1] GRAINER R., METES G. Has Outsourcing Gone too Far [N]. Business Week, 1996, April (1).
[2] WALTON J., WHICKER L. Virtual Enterprise: Myth and Reality [J]. Journal of Control, 1996 (3): 23.
[3] TALLURI S., BAKER R C. A Quantitative Framework for Designing Efficient Business Process Alliances [C]. New York: IEEE, 1996: 658.
[4] APPLEGATE L. M., MCFARLAN F. W., MAKENNEY J. L. Corporation Information System Management: Text and Case [J]. Irvin, 1996, (9): 73.
[5] 陈菊红，汪应洛. 虚拟企业：跨世纪企业的崭新组织形式 [J]. 管理工程学报, 2000 (2): 63.

各种契约合作方式所构建的不具有独立企业形态却实现了企业功能的动态企业联合体"①。

以上各种定义，基于定义角度不同，以至于其表述有所差异，比如从产品或组织角度定义的有定义1—3；从技术角度定义的有定义4—5；从核心能力角度定义的有定义7、9、11；从动态联盟视角的有定义6、8、10，但是不管从什么角度来理解和定义虚拟企业，大家都有一个共同的认识，那就是"虚拟企业都强调外部资源的整合，强调市场反应速度和组织的动态性"。

从虚拟企业的各种定义可以看出，不管从什么角度考虑，虚拟企业都是为了适应高速变化的外部环境，为了抓住市场机遇，以提升企业生存能力和增强自身竞争力而组建。从虚拟企业的组建来看，要抓住三个要点：外部环境高速变化、自身资源限制和整合外部资源。"外部环境高速变化"意味着，随着经济全球一体化及信息技术的飞速发展，企业现在所处的外部环境已经发生了根本性的变化，所面临的生态环境已经包含了整个世界，即企业面临的消费者、供应商不再是局部区域的而是全球性的，其竞争对手也是全球性的，不再局限于某个地区、国家之内的竞争；针对这种新形势，企业由于自身资源的限制无法适应新环境，因为企业的整个生态环境已经或正在发生根本性改变，而任何一个企业不可能在价值链各个环节中都处于绝对优势，必定存在自己的短板，这时企业只能选择寻求外部资源的帮助，否则必将淘汰；"外部资源的整合"应有两层含义：强强联合，即盟主企业拿出自己最强的核心能力与其他企业最强的核心能力进行整合组成虚拟企业，横向虚拟企业就属于强强联合型；另一个意思是"弱弱联合"，即保留自己最核心

---

① 包国宪，贾旭东. 虚拟企业与战略联盟案例点评[M]. 北京：中国人民大学出版社，2007：14.

的部分,而把自己最不擅长的部分与其他企业最强的核心能力进行整合组成虚拟企业,纵向虚拟企业就属于弱强联合型,像苹果、耐克等企业。

通过上面虚拟企业的定义可以看出,能组建虚拟企业的企业必须具备一定的条件,即企业在本行业、本领域内应该具备一定领先地位的核心优势,也就是说并不是任何企业都可以组建成虚拟企业,不管处于价值链中哪个环节的企业,只有你在该环节具有核心优势,具有其他企业无法拥有的优势资源,你才可以作为盟主企业组建虚拟企业或被其他发起者企业组建成虚拟企业。

另外,虚拟企业不同于企业集团、企业战略联盟以及产学研联盟等企业新型组织形式。企业集团是指以母子公司为主体,通过投资及生产经营活动协作等多种方式,与众多的企事业单位共同组成的经济联合体(李真,2009)。企业集团的母公司(核心企业)、子公司(紧密层企业)和其他成员单位均具有法人资格,依法享有民事权利和承担民事责任;企业战略联盟(Strategic Alliance)就是指不同的企业为了实现共同的利益和建立竞争优势,将各自拥有的不同的核心资源结合在一起,建立的一种优势互补、分工协作、非股权型的长期而松散的企业网络化联盟(李新春,2000);产学研联盟是指一家或多家企业与大学或科研机构,为了实现某个时期的共同战略目标,整合、协调彼此的资源和活动,而建立起的短期或长期的战略性合作关系或组织(李珠,2011)。这些组织形式与虚拟企业相比,合作企业间都具有很强的强制性制约特征,而虚拟企业是通过核心能力和市场机遇把握能力来进行软约束。在合作形式上,虚拟企业不同于企业战略联盟这类合作组织,虚拟企业侧重于互补性业务活动的合作,它是"强强联合"更强调核心能力,只有具有核心能力的企业才能组合在一起,核心能力原则是其选择企业合作伙伴的第一原则；而后者主要是基于同种业务活动合作。它们的出发点也不同，虚拟企业的组建是基于市场机遇的出现，为了抓住稍纵即逝的市场机会而进行强强联合，但是企业集团或战略联盟等组织形式的出现，不一定是因为出现了市场机会，更多的是企业为了生存，提高企业的抗风险能力而组成相应的联盟组织。

（四）高新技术虚拟企业

随着用户需求的个性化和多样化，以及技术变革的快速化，高技术含量的产品更新换代速度今非昔比，企业为了生存和持续发展必须进行高新技术的开发和应用，而高新技术的开发和应用具有高投入、长周期、高风险和高收益等特征，在复杂多变的新型社会经济环境下，单个企业无法完成此类经济活动，必须借助外部资源共同来进行高新技术的开发和应用，与其他企业实现共同发展和成长。国内外高技术企业发展的实践表明，通过建立企业间正式或非正式的关系以寻求网络化成长，成为在复杂的全球化商业环境下企业重要的成长方式和策略[1]。于是就出现了企业重组、并购、战略联盟、合作创新等组织变革，但这些组织变革仍然脱离不了传统企业组织的束缚，只是对现有实体组织的一种修正，只是提供了一种"症状解"，而非"根本解"。而虚拟企业组织模式为高新技术企业提供了一种崭新的组织视角，高新技术虚拟企业（High New Technology Virtual Enterprise，HNTVE）就是在虚拟企业基础上组建的一种新型组织模式。

通过前面高新技术的定义可知，高新技术企业必须具有"持续进行研究开发与技术成果转化，并形成企业核心自主知识产权"等特征，

---

[1] 张钢，罗军.组织网络化研究综述[J].科学管理研究，2003（2）：61.

也就是说高新技术企业不同于一般传统企业，必须持续进行研究开发与应用活动，因而，高新技术虚拟企业也不同于一般的虚拟企业，它必须以"研究开发与应用"活动并形成"企业核心自主知识产权"为目标进行内外部资源的重新组合与优化而组建高新技术虚拟企业。

根据高新技术企业和虚拟企业的定义和特征，本书将高新技术虚拟企业定义为：高新技术虚拟企业（High New Technology Virtual Enterprise, HNTVE）就是指在复杂多变的经济环境下，高新技术企业为了实现可持续的技术创新活动以便实现形成核心自主知识产权目标，以企业核心能力为依托，借助信息技术以虚拟组织模式将一些相互独立的相关企业或组织联系起来的、动态的网络结构性组织，这种新型组织模式是一种组织间持续改进和优化的非产权合作，各成员企业共同分担风险与利润。注意，对于高新技术虚拟企业而言，发起企业，即盟主企业必定是高新技术企业，而其合作伙伴可以是高新技术企业，也可以不是高新技术企业。如基于成果转化型HNTVE，其合作伙伴的核心优势在于创新产品的生产、营销和服务方面，因而具有生产、营销或服务方面的企业可以不是高新技术企业，例如苹果的合作伙伴富士康就是这种情况。但是对于基于研究开发型HNTVE，则要求其合作伙伴具有研究开发方面的核心能力，如果合作伙伴是企业的话，一般都是高新技术企业。

从组建高新技术虚拟企业的内容来看，可以分为基于产品的高新技术虚拟企业、基于项目的高新技术虚拟企业和基于服务的高新技术虚拟企业。基于产品的高新技术虚拟企业是指盟主企业根据市场预测，提出产品方案或对外承担产品生产任务，按照产品研究开发、制造、市场投放的任务分工，按照优中选优的外部资源利用原则，由分布在不同区域的企业协同完成，这是一种分布式企业集成和分布式作业协同工作。本书主要针对基于产品的高新技术虚拟企业价值进行研究。

（五）高新技术虚拟企业价值

1. 企业价值的内涵

企业价值的内涵比较丰富，它包括企业社会价值（Enterprise Society Value）和企业经济价值（Enterprise Economic Value），但它们属于两个完全不同范畴的企业价值概念，前者是指企业对社会的贡献，是产品、工作环境、环境保护、社会表现的有机结合，是一种主观判断，一般无法用货币来衡量；而对于后者是指可以货币化的并可以交易的商品的价值。《国际评估准则》认为价值是个经济概念，反映可供交易的商品、服务与其买方、卖方之间的货币数量关系，是根据特定的价值定义在特定时间内对商品、服务价值的估计，企业也是一种商品，可以进行交易，故企业具有企业价值[1]。所以，我们一般所说的企业价值是指其经济价值，本书研究的企业价值评估也是指企业的经济价值的评估。由于企业不同于一般的商品，其构成相对比较复杂，由软因素和硬因素组成，软因素包括企业家能力、企业文化、品牌等，硬因素包括厂房、机器设备、土地等固定资产，故对企业价值的来源认识不同，同样对于经济意义的企业价值，也存在不同的认识观点，下面是几种有代表性的理解。[2]

（1）基于马克思哲学视角的定义：企业价值是指凝结在企业这一特定商品上的无差别的人类劳动，其大小是由其社会必要劳动时间决定的。[3] 按照马克思哲学原理，商品具有价值和使用价值两重属性。价值

---

[1] 吴晓燕，邱妘. 虚拟企业价值评估初探［J］. 财会通讯（学术版），2007（11）：121.
[2] 李海舰，冯丽. 企业价值来源及其理论研究［J］. 中国工业经济，2004（3）：53.
[3] 左庆乐. 企业价值内涵的界定［J］. 经济师，2004（3）：168.

是凝结在商品中的无差别的人类劳动,是以社会必要劳动时间来衡量的。[①] 同样,企业作为一种特殊商品,凝结了无差别的人类劳动,它既能够生产出具有使用价值的商品,企业本身还可以进行买卖,可以被兼并、收购甚至清算,这些都可以通过市场交易来体现出其价值,因而企业具有一般商品的使用价值和价值两重属性。但是企业作为特殊商品,其凝结的社会必要劳动时间无法计算,并且这种社会必要劳动时间难以货币化。所以,用劳动价值论来评估企业价值具有一定的理论意义,但无实际意义。

(2) 基于会计核算视角的定义:企业价值是建造企业的全部费用的货币化表现,其大小是由建造企业的全部支出构成的。这种定义混淆了企业价值与企业资产价值的概念,企业价值是指企业作为一个组织、综合体的整体价值,而企业资产价值是指企业各单项资产的价值之和。由于企业是一个有机系统,存在整合效用,故其企业价值与企业的资产价值一般不相等,并且按照这种定义往往会低估企业价值。

(3) 基于主观效用价值理论视角的定义:斯提杰克(Dev Strichek,1983)认为价值就是买者对标的物效用的一种感觉,效用是用人们现在及将来占有某件物品所获得的利益来度量的。自然,企业价值是人们主观评判的结果,其大小受评估人的主观影响,同一企业对不同的评估人可能会得到不同的价值。这种定义是以人(评估人)为中心,以人的主观判断为基础对企业价值的评判,它夸大了人的主观作用,否认了企业价值具有的客观性,认为企业价值具有不唯一性、不确定性,其价值大小完全依赖于个体差异。

---

① 陈先达,杨耕. 马克思主义哲学原理(第3版)[M]. 北京:中国人民大学出版社,2010:58.

（4）基于市场交换视角的定义：企业价值是企业未来预期收益的现金流量按一定的折现率折现的现值。这是目前普遍被人们所接受的观点。这种观点认为企业的盈利能力决定其价值大小，具有一定的科学性，以至于该观点所采用的价值评估方法成为国内外的主流价值评估方法。

（5）基于客户价值理论视角的定义：载瑟摩尔（Zaithaml，1988）和伍德拉夫（Woodruff，1997）等认为企业价值是由客户决定的，企业价值不仅包括企业核心产品和附件服务带来的价值，更应包括与客户发展良好而持续的客户关系所创造的价值，是顾客对特定使用情景下有助于（有碍于）实现自己目标和目的的产品属性、这些属性的实效以及使用的结果所感知的偏好与评价。这种观点拓展了企业价值的创造来源，丰富了企业价值理论，但由于客户关系、顾客偏好等比较抽象，很难进行定量，故该方法只是为人们提供一条新的评估思路，具有理论意义，但由于缺少可操作性，无实际意义。

（6）基于期权定价理论视角的定义：企业价值是企业未来现金流量的折现值加企业所拥有的投资机会价值[①]。这种观点是在市场交换理论基础上，首次考虑到了企业所拥有的投资机会是具有价值的，认为这种机会价值应该包含在企业价值中。由于经济全球一体化及信息技术的飞速发展，企业环境出现了根本性的改变，市场机遇稍纵即逝，一旦错失投资机会，企业就面临生存危险，以至于越来越多的人认为企业价值应该包括这种稍纵即逝的市场机会，所以，这种企业价值观点也得到了社会的认可和推崇。

2. 高新技术虚拟企业价值

通过以上几种对企业价值的理解，我们认为高新技术虚拟企业的价

---

① 范丽斌．基于实物期权的高科技企业价值评估研究［D］．镇江：江苏大学，2008：22.

值是由两部分价值组成的,即高新技术虚拟企业的现实价值和潜在价值之和,其中现实价值是指高新技术虚拟企业通过现实获利能力所创造的价值并按一定折现率进行折现的现值,潜在价值是指高新技术虚拟企业潜在获利能力创造的价值,即未来投资机会的价值,未来投资机会具有不确定性,但衡量这种机会价值的潜在价值是确定的。

高新技术虚拟企业价值不同于一般企业的价值内涵,正因为高新技术虚拟企业在整个价值链中某些环节的虚拟化,使得其更具柔性和敏捷性,从而有效地降低了市场风险,并较一般企业更能抓住稍纵即逝的市场机会,所以,高新技术虚拟企业价值不仅包括现实价值,也包括未来投资机会价值。

但由于高新技术虚拟企业是由至少两家以上的实体企业组成的,包括盟主企业和合作企业,那么高新技术虚拟企业的价值是包括了所有参与组建高新技术虚拟企业的实体企业的价值(包括现实价值和未来投资机会价值),还是只是它们中的一部分价值?或者是说高新技术虚拟企业的价值就是指盟主企业的企业价值?这个问题不弄清楚,后面的高新技术虚拟企业价值评估就无从谈起。高新技术虚拟企业的组建是因为市场机会的出现,盟主企业为了抓住市场机遇,与其他具有核心竞争力的高新技术企业进行合作组建而成的。从这个意义上来说,高新技术虚拟企业的组建就是为了某个投资项目(即市场机会)而由各个合作企业拿出各自的核心资源进行共同投资活动,故高新技术虚拟企业的价值是指包括各个企业所拿出来的那部分资源的现实价值和未来投资机会价值。高新技术虚拟企业价值没有包括所有合作企业的全部资产的现实价值和未来投资机会的价值,也就是说那些属于合作企业资产但没有参与组建高新技术虚拟企业的资产的价值就不应该划归于高新技术虚拟企业价值之内。所以,高新技术虚拟企业价值的评估是指对各合作企业组建高新技术虚拟企业所需资产的现实价值和未来投资机会价值的评估。

三、研究内容及方法

（一）研究内容

在前人的研究基础上，本书先对高新技术虚拟企业的定义、内涵进行界定和挖掘，并讨论高新技术虚拟企业的边界问题，认为高新技术虚拟企业就是一个包含了整个价值链环节的临时性组织。从产品价值链视角来看，高新技术虚拟企业是一个包含了研发设计、生产和营销等各环节的"大而全"的临时性企业组织，具有明显的阶段性，故应将其视为一个多阶段、序贯的投资过程进行价值评估。本书内容主要包括两部分。第一部分包括第二、三章，属于理论部分，主要讨论了各种常用的企业价值评估方法及其缺陷，重点介绍了实物期权方法及其在中国的应用现状，以及对高新技术虚拟企业的内涵和边界进行了挖掘和界定，理清了高新技术虚拟企业的价值构成，为后面建模与评估建立理论基础。第二部分包括第四章、第五章和第六章，第四章先给出了高新技术虚拟企业价值评估的操作流程，建立了高新技术虚拟企业价值评估的一般框架；第五章构建了单一虚拟模式、双组合虚拟模式和全组合虚拟模式下虚拟型高新技术虚拟企业价值的评估模型并进行实例分析；第六章主要考虑模糊环境下高新技术虚拟企业的价值评估问题，由于高新技术虚拟企业组建过程及技术创新活动中存在各种不确定性，认为利用模糊理论来构建评估模型比较符合现实情况，为此，建立了一般模糊数形式下高新技术虚拟企业价值模糊评估模型、特定模糊数形式下高新技术虚拟企业价值模糊评估模型，并进行数值案例分析。本书研究框架结构图如图1-1所示。具体的内容说明如下：

<<< 第一章 绪论

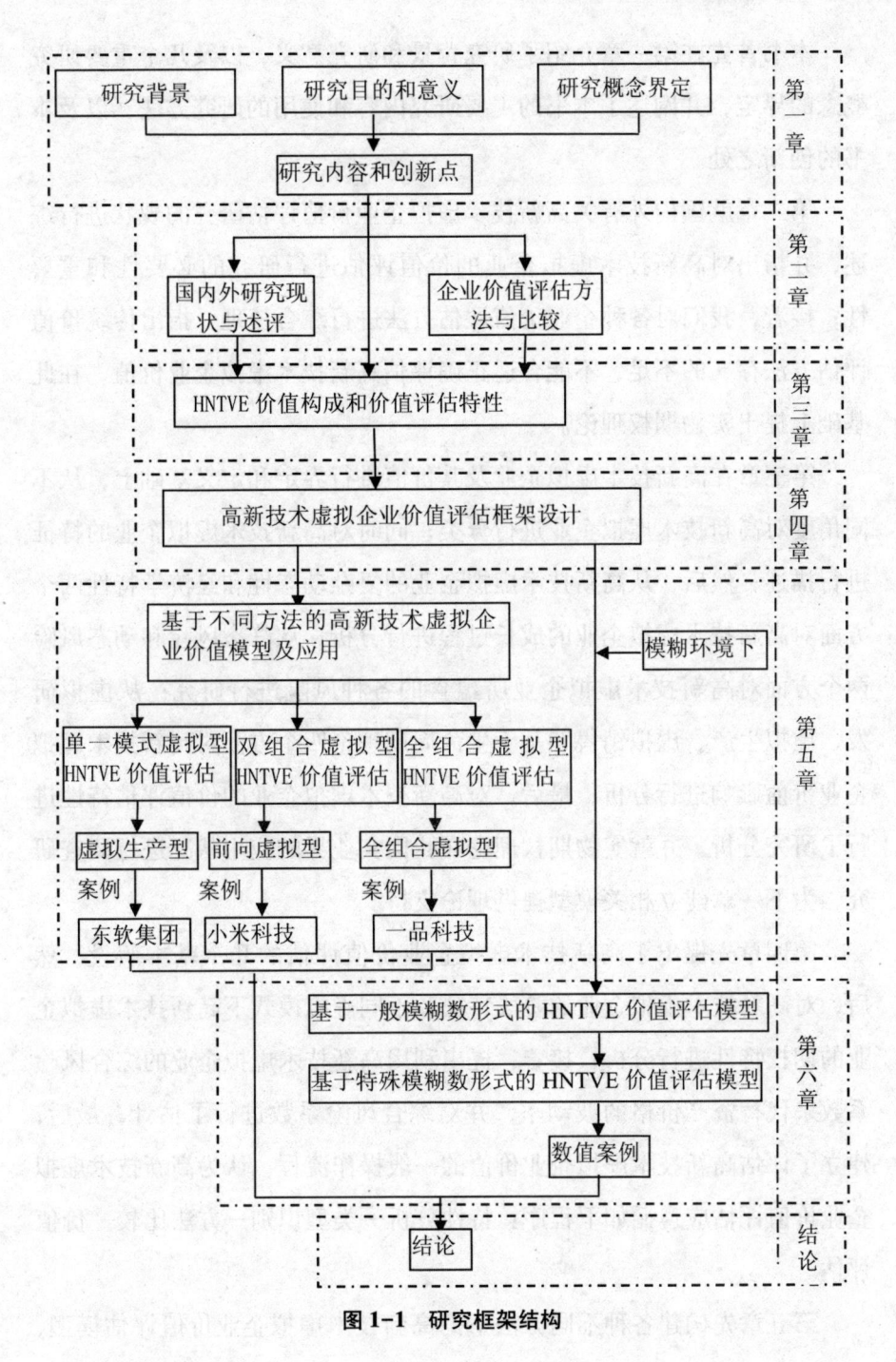

图 1-1 研究框架结构

本书首先在第一章介绍了研究背景和研究意义，以及几个重要研究概念的界定，并阐述了本书的主要研究内容和使用的研究方法，以及本书的创新之处。

第二章就国内外有关高新技术虚拟企业价值评估研究的现状进行综述，并指出对高新技术虚拟企业的价值评估进行研究的必要性和重要性；接着，我们对各种企业价值评估方法进行综合梳理，指出传统价值评估方法存在的不足，不能合适正确评估高新技术虚拟企业价值，在此基础上提出实物期权理论。

第三章在高新技术虚拟企业及其价值进行界定和定义基础上，从不同角度对高新技术虚拟企业进行分类；同时对高新技术虚拟企业的特征进行描述；然后，从高新技术虚拟企业的复杂动态性和经济学特性两个方面对高新技术虚拟企业的成长过程进行分析；从静态风险和动态风险两个方面对高新技术虚拟企业所蕴含的各种风险进行研究；从虚拟研发、虚拟生产、虚拟销售和基于生命周期理论四个方面对高新技术虚拟企业价值影响进行分析；最后，对高新技术虚拟企业的价值评估特性进行了研究分析，并就实物期权理论在我国实业界的应用状况进行调查研究，为下一章建立相关模型提供理论支持。

第四章先提出了高新技术虚拟企业价值评估的几个基本假设；然后，对高新技术虚拟企业的阶段特征和不同虚拟模式下高新技术虚拟企业的期权特性进行分析；接着，提出利用高新技术虚拟企业的综合风险系数来代替资产价格的波动率，并对综合风险系数进行了估计；最后，建立了评估高新技术虚拟企业价值的一般操作流程，认为高新技术虚拟企业价值评估应遵循如下程序：特性分析—类型识别—方法比较—价值评估。

第五章先构建各种不同方法下的高新技术虚拟企业价值评估模型，

包括构建了基于传统 NPV 法的高新技术虚拟企业价值评估模型、基于简单二项式树法的高新技术虚拟企业价值评估模型、基于多期二项式树法的高新技术虚拟企业价值评估模型、基于 B-S 的高新技术虚拟企业价值评估模型和基于复合期权的高新技术虚拟企业价值评估模型；然后，以单一模式虚拟型、双组合虚拟型和全组合虚拟型中各选一种典型的虚拟类型进行实例评估，即分别选择以东软集团 CT 扫描机项目组建的虚拟生产型高新技术虚拟企业、小米科技智能手机项目组建的前向虚拟型高新技术虚拟企业和以天津一品科技"背背佳"产品组建的全组合虚拟型高新技术虚拟企业价值进行实例评估与应用。我们认为，对于单一模式虚拟型的虚拟生产型高新技术虚拟企业价值评估，选择实物期权方法比较合适，对于双组合虚拟型的前向虚拟型高新技术虚拟企业和全组合虚拟型高新技术虚拟企业的价值评估，选择复合期权方法比较合理。

第六章，一般情况下，在应用价值评估方法时，假设各变量取值都是某一个确定数，但由于技术和市场存在各种不确定性，这些变量很难用一个确定的值来表示，而模糊测度理论可以解决这个问题。本书利用模糊测度理论，将未来预期现金流现值、折现率、资产波动率和无风险利率等看成模糊数，先建立了一般模糊数形式下高新技术虚拟企业价值模糊评估模型，在此基础上，构建了特定模糊数形式下高新技术虚拟企业价值评估模型，最后，以数值例子进行说明，即假定未来预期现金流现值 $\tilde{V}$、标的资产价格波动率 $\tilde{\sigma}$、折现率 $\tilde{r}'$ 和无风险利率 $\tilde{r}$ 都是梯形模糊数，来求解模糊环境下高新技术虚拟企业价值。

最后对全书进行总结，并对进一步的研究做出展望。

(二) 研究方法

本书主要采用理论与实证、定性与定量分析相结合的方法对高新技术虚拟企业价值进行评估，具体而言，主要运用了文献法、比较法、数理推导、案例研究等方法。

理论研究方法主要运用文献法，将本书涉及的研究问题、概念等进行梳理、归纳。通过对高新技术虚拟企业价值评估、虚拟企业价值评估、实物期权理论、模糊实物期权理论等的文献梳理，深入研究了高新技术虚拟企业价值研究的重要性和可行性。

比较法，是本书使用的一种研究方法，无论是构建的虚拟生产型 HNTVE 价值评估模型、前向虚拟型 HNTVE 价值评估模型、全组合虚拟型 HNTVE 价值评估模型，还是在模糊环境下基于可能性测度理论的 HNTVE 模糊期权定价模型，都采用了比较法将本书构建的模型结果与传统价值评估方法的结果进行对比，说明传统价值评估方法已经不适用于评价高新技术虚拟企业价值。

数理推导方法，利用现代金融理论、现代评估理论、偏微分方程、模糊数学理论、可能性理论对随机和模糊不确定性下各变量的运动、变化等问题进行刻画，推导出一般情况下和基于专家意见情况下高新技术虚拟企业价值评估模型，并进行求解。

案例研究方法，本书根据虚拟形式的不同将高新技术虚拟企业分为单一模式型、双组合虚拟型和全组合虚拟型，不同类型的高新技术虚拟企业所包含的期权价值不一样，为此从每一种类型中各选择一种有代表性的类型来构建相关价值评估模型，并对每种模型进行具体的案例研究。这样使得研究成果不仅可以得到理论上的支持，还能应用于企业的实践中，具有一定的理论和实践价值。

此外，本书对高新技术虚拟企业的综合风险系数求解时，采用了定性分析与定量分析相结合的方法——专家评估法与模糊综合评判法对各种因素水平进行综合评价，既充分利用了专家的经验、知识，又保持了结果的客观性、科学性，使得评估结果更加准确，提高了模型估计的精度。

四、本书创新之处

社会的快速变革、经济的全球化和科技进步的飞速前进，必然导致企业管理思想的变化，建立有足够弹性的、更加灵活的组织和管理模式，由此虚拟企业走向历史舞台。已经受到越来越多企业管理者的重视，尤其在高新技术领域更加要求企业进行组织变革，组建各样的高新技术虚拟企业，提高企业整体竞争力。企业间不再是地区、国内间的竞争，而是全球范围内的竞争，企业面临的风险也越来越高，企业兼并、转让也越来越频繁，其中自然包括组建有虚拟企业的高新技术企业，为此对高新技术虚拟企业的价值进行正确评估，有利于提高高新技术虚拟企业的运行效率，有利于高新技术虚拟企业有一个正确的市场价格而不至于被低估，所以，本书选择高新技术虚拟企业的价值评估作为选题进行研究，具有一定的理论价值和现实意义。具体创新点为：

1. 研究对象的创新。目前对虚拟企业的研究比较多，主要对如何组建、合作伙伴的选择、成员间利益分配等问题进行研究，也有学者开始研究高新技术虚拟企业，但也仅局限于高新技术虚拟企业合作模式的选择与构建、合作伙伴选择、风险衡量等问题的研究。无论是关于虚拟企业还是高新技术虚拟企业的价值评估问题，还没有学者开始研究，但是随着虚拟企业或高新技术虚拟企业被越来越多的管理者所接受，这类企业的管理显得越来越重要，兼并、转让也会越来越频繁，故非常有必要对高新技术虚拟企业的价值进行正确评估。

2. 对高新技术虚拟企业成长规律及价值构成进行深入分析。为了正确评估高新技术虚拟企业的价值，必须对其成长规律及各阶段的价值构成进行分析和理解，才能有针对性地选用评估方法评估不同类型的高新技术虚拟企业价值。

3. 建立了高新技术虚拟企业价值评估的一般分析框架：从价值链视角对高新技术虚拟企业进行分类，分别利用二项式树期权定价方法、B-S模型和盖斯克（Geske）复合期权模型构建了虚拟生产型、前向虚拟型和全组合虚拟型高新技术虚拟企业的价值评估模型，并利用企业实际数据进行了实证分析和研究。

4. 构建了高新技术虚拟企业价值模糊评估模型。当进行企业价值评估时，一般假定未来的预期现金流值、标的资产收益的波动率等变量值都是确定值，但在评估高新技术虚拟企业价值时，由于市场环境的不确定性和技术创新本身的复杂性，对未来投资机会的现金流、标的资产收益的波动率、折现率和无风险利率很难用一个确定值来描述，而模糊数理论很好地解决了这个问题。我们假定未来预期现金流现值 $\tilde{V}$、标的资产价格波动率 $\tilde{\sigma}$、折现率 $\tilde{r'}$ 和无风险利率 $\tilde{r}$ 都是模糊数，利用模糊数理论，建立一般模糊数形式下高新技术虚拟企业价值评估模型和特定模糊数形式下高新技术虚拟企业价值评估模型，并以梯形模糊数为数值例子对各种评估方法进行分析比较。

第二章 文献综述及相关基础理论

　　虚拟企业的产生与计算机和信息技术的飞速发展以及资源配置全球化的客观需求密切相关。同样,高新技术企业仅靠自身的资源和核心能力难以适应新形势、新环境的剧烈变化,只有通过资源重新配置、进行优势互补的新型组织形式,即高新技术虚拟企业,才能生存和发展。而高新技术虚拟企业的组建和成长,离不开对虚拟企业的价值评估,也就是说,对高新技术虚拟企业的价值评估是正确组建虚拟企业的前提和关键。由于高新技术虚拟企业是一种新型的组织模式,它使得传统意义上的企业在管理、经营理念、决策过程等方面发生了根本性改变,使得整个价值链在相关企业间重新进行解构与重建,因而,传统企业的价值评估方法已经不能适用于高新技术虚拟企业的价值评估,我们必须根据高新技术虚拟企业的独有特征及运行机制,选择合适的价值评估方法。

　　以下我们先介绍与高新技术虚拟企业价值评估相关理论的研究现状,然后介绍几种常用的企业价值评估理论。

第一节 文献综述

一、高新技术企业价值评估研究

企业价值评估理论起源于20世纪初费雪（Fisher）的财务预算理论，由20世纪60年代的莫迪格利安尼（Modigliani）和米勒（Miller）提出的企业价值理论（简称MM理论），为现代企业价值评估技术奠定了坚实理论基础，一直到后来发展有资本资产定价模型、套利定价理论为基础的一系列企业价值评估方法，形成了以成本法、市场法和收益法为世界三大主流的企业价值评估方法。这些主流方法针对不同特征、不同条件下的企业进行价值评估各有优缺点，但所有这些企业价值评估方法针对新经济、经济全球化和高度信息化背景下的高新技术企业及虚拟企业的价值评估却束手无策，于是就产生了第四大主流企业价值评估方法——实物期权方法。鉴于企业价值评估方法是一个大家族，国内外研究成果众多，不可能对所有方法及其应用领域最新成果进行介绍，这里只就与本书密切相关的高新技术企业价值的评估现状进行研究。

企业价值驱动因素是指影响企业价值的变量[①]。T·E.科普兰（T. E. Copeland）、T·科勒（T. Koller）和 L·默林（L. Murrin）（1996）将传统企业的价值驱动因素划分为三个层面：第一层面从一般意义上讨论各种类型企业的价值驱动因素，如投资资本回报率；第二层面是从具体经营单位角度来讨论，如客户组成、生产能力管理等因素；

---

① 王小荣，张俊瑞.企业价值评估研究综述［J］.经济学动态，2003（7）：61.

第三层面从最基层的操作性方面来讨论,如循环账户百分比、应收(或应付)账款条件及时间等因素①。由于高新技术企业不同于一般的传统企业,智力资本(包括一系列的知识、创意和创新)对企业价值的影响不可忽视,故苏里文(Sullivan,2000)认为对于高新技术企业进行价值评估时,不能只考虑现有价值驱动因素,还应该考虑智力资本(Intellectual Capital)创造的价值②。

在价值评估方法方面,由于国外市场是高度有效的,资本市场也非常发达,对于高新技术企业的价值评估主要采用相对估价法,就是把目标企业内部的财务指标与市场上相类似的企业进行价值比较的一种方法,特别在纳斯达克(NASDAQ)上市的企业一般都是高新技术企业,因而比较容易找到可比公司,并且可比公司价值已经通过市场的检验,非常接近其实际价值,这样的话,目标企业的价值就比较准确。但随着经济的发展,高新技术企业面临的外部环境越来越复杂,遇到的不确定性也越来越多,而这种未来的不确定性有可能给企业带来很大的发展机会,而当前的企业价值评估方法没有考虑未来投资机会的价值,于是迈尔斯(Myers,1977)应该用期权方法来定价企业未来灵活性价值③。

在国内,左庆乐、刘杰(2001,2004)认为高新技术企业价值的评估的真正对象是高新技术企业未来的获利能力,并认为在明确高新技术企业价值评估的目的、原则和方法的情况下,应采用现金流折现法和

---

① T. E. Copeland, T. Koller, J. Murrin. Valuation, Measuring and Managing the value of Companies [M]. New York: Wiley, 1996: 31.
② P. H. SULLIVAN. Value Driven Intellectual Capital: How to Convert Intangible Corporate Assets Into Market Value [M]. New York: John Wiley & Sons, Inc, 2000: 124.
③ MYERS S C. Determinants of Corporate borrowing [J]. Journal of Financial Economics, 1977 (2): 148.

期权定价理论相结合的评估方法[①]。

王少豪（2002）综合分析现有企业价值评估方法对我国高新技术企业价值评估存在的利弊，指出期权定价法可能是一种更合适的方法，但只是对期权定价方法做了简单的介绍，并没有提出基于期权定价方法评估高新技术企业整体价值的研究框架与思路[②]。

肖翔（2003）在深入分析高新技术企业特殊性及不同发展阶段的特点基础上，研究了现金流折现法、期权定价法和综合法对高新技术企业价值的评估研究[③]。

唐海仕、徐琼（2003）就经济转型背景下评估我国高新技术企业价值遇到的困难、方法及对策进行了探讨[④]。

文静（2004）总结了传统评估方法评估高新技术企业价值存在许多局限性，构建了无现金流量情况下的折现现金流法以及期权定价法对高新技术企业价值评估模型[⑤]。

孙婧、肖淑芳（2005）研究了利用基于贴现现金流量法的成长期高新技术企业价值评估的研究[⑥]。

章雁（2005）认为单纯将传统的企业价值评估方法运用于高新技术企业存在较大的局限性，会低估高新技术企业的创新价值，应结合高新技术企业的特殊性，建立一个折现现金流法与复合实物期权相结合的

---

① 左庆乐，刘杰. 高新技术企业价值评估的基本问题探析 [J]. 中国资产评估，2001（6）：4.
② 王少豪. 高新技术企业价值评估 [M]. 北京：中信出版社，2002：24.
③ 肖翔. 高新技术企业价值评估方法研究 [J]. 数量经济技术经济研究，2003（2）：61.
④ 唐海仕，徐琼. 转型经济条件下的高新技术企业价值评估研究 [J]. 北方经贸，2003（9）：24.
⑤ 文静. 高新技术企业价值评估的研究 [J]. 商业研究，2004（21）：12.
⑥ 孙婧，肖淑芳. 成长期高新技术企业价值评估的研究——基于贴现现金流量法 [J]. 现代管理方法，2005（10）：63.

方法来评估高新技术企业价值[1]。

宁文昕、于明涛（2006）在分析高新技术企业价值评估的特性后，认为传统价值评估方法存在很多缺陷，于是提出了基于战略分析和数量分析上的复合期权方法来评估高新技术企业价值[2]。

张彤、陈小燕、章晓丽（2009）在对布莱克—舒尔斯（Black-Scholes, B-S）模型的长、短期期权改进基础上，构建了包括期权有效期和企业红利政策影响在内的新型B-S高新技术企业价值评估模型，并说明了红利收益率和波动率计算方法[3]。

陈玲等（2010）从定性角度，对我国高新技术企业价值评估的目的及其特征以及存在的问题进行探讨，并提出相应对策[4]。

潘俊、陈志红、吕雪晶（2011）在深入分析了企业价值创造驱动因素、企业价值创造模式和企业价值评估的内涵后，构建了高新技术企业价值的创值模式和嵌入社会责任的企业价值评估体系，以便正确评估我国高新技术企业价值[5]。

颜莉、黄卫来等（2007）深入分析现有企业价值评估技术对初创期高新技术企业价值评估的适应条件及存在的局限性，结合初创期高新技术企业不同于一般企业的价值评估，构建了利用成本法、实物期权和模糊综合评判法来综合评估包括有形资产、无形资产和核心人力资源的

---

[1] 章雁. 高新技术企业价值评估探讨 [J]. 商业研究, 2005 (12): 119.
[2] 宁文昕, 于明涛. 实物期权理论在高新技术企业价值评估中的应用 [J]. 工业技术经济, 2006 (1): 90.
[3] 张彤, 陈小燕, 章晓丽. B-S期权定价法在高新技术企业价值评估中的改进与测算过程 [J]. 科技进步与对策, 2009 (5): 121.
[4] 陈玲, 朱少洪, 李永泉, 等. 我国高新技术企业价值评估存在的问题及其对策研究 [J]. 海峡科学, 2010 (2): 3.
[5] 潘俊, 陈志红, 吕雪晶. 高新技术企业价值创造模式创新及其评估体系构建 [J]. 科技与经济, 2011 (6): 43.

初创期高新技术企业价值评估模型[①]。

　　从目前的高新技术企业价值的研究现状来看,研究者大多认为传统企业价值评估方法已经不适合于用来评估像高新技术企业这种既有高风险又具有高收益、高成长潜力的企业价值评估,认为高新技术企业的价值应由两部分组成,即现有投资资产的价值和企业未来成长机会价值,前者可以根据传统价值评估方法来计算,而对于企业发展潜力价值应该使用实物期权方法,所以,应该使用传统价值评估方法与实物期权方法相结合的综合评价方法来评估高新技术企业价值。

二、高新技术虚拟企业研究

　　高新技术虚拟企业（HNTVE）具有不同于一般高新技术企业的特点,也不同于其他领域中的虚拟企业的特点。目前,直接针对HNTVE的研究并不多见,1998年,英国森德兰（Sunderland）大学电子商务中心的卡瑞基等（KERRIDGE S, et al）受欧洲信息技术研究与发展战略计划（European Strategic Programme for Research and Development in Information Technology, ESPRIT）项目的支持,进行一项名为"补给点"（Supply Point）的研究[②],该项目所建立的合作运营方式已具备了HNTVE运营机制的雏形。在伙伴选择方面,容启亮（K. L. Yung）研究了依据业务完成的成本和时间两个指标选择伙伴的分支定界法和考虑风险因素的遗传算法[③]。李玉等（LI Y, SHAO X, LI P）根据分析、集成

[①] 颜莉,黄卫来. 初创期高新技术企业价值评估研究［J］. 研究与发展管理, 2007（6）: 93.
[②] KERRIDGE S, SLADE A. Supply Point: Electronic Procurement Using Virtual Supply Chains-an Overview ［J］. Electronic Markets, 1998（3）: 28.
[③] IP. W, YUNG. K, WANG D. A Branch and Bound Algorithm for Sub-Contractor Selection in Agile Manufacturing Environment ［J］. International Journal of Production Economics, 2004（87）: 195.

和评价的过程设计理念，开发了一套多智能体系统，用于辅助虚拟企业的产品设计[1]。

我国学者在虚拟企业管理方面的研究基本呈跟随国外研究方向的状态，但由于研究起步较晚，成果不多，对高新技术虚拟企业价值评估几乎空白。目前，针对虚拟企业价值研究的主要有：

陈孝、李小丹（2004）将虚拟企业分为机构虚拟型和功能虚拟型两类，认为针对不同类型的虚拟企业应采用不同的价值评估方法。针对机构虚拟型，由于其所依赖的核心能力主要是企业的无形资产，有形资产少，加上机构虚拟型企业很少上市，成本法和市场法不适合于评价这类虚拟企业价值，应该从收益现值法来寻找途径；对于功能型虚拟企业，由于这类企业可能有一定比重的有形资产，故应该使用收益法与成本法相结合来评价其价值，如果获得了上市的机会，还可以采用市场法甚至市盈率乘数法来评估其价值[2]。

蔡春、陈孝（2005）认为决定虚拟企业价值的关键因素主要有四个，即核心能力、虚拟企业面临的风险因素、虚拟企业所具有的获利能力和可以预见的存续期间。针对不同类型的虚拟企业价值评估建议以收益现值法为主要方法，辅以成本法为参考，同时在条件许可时也可采用市场乘数法[3]。

吴晓艳、邱云（2007）认为虚拟企业的价值是以虚拟企业核心能力创造的内在价值为基础的整合价值，突破传统企业价值规律，为此，提出应以折现现金流量法为基础，结合超额收益法来评估虚拟企

---

[1] LI Y, SHAO X, LI P. Design and Implementation of a Process-Oriented Intelligent Collaborative Product Design System [J]. Computers in Industry, 2004 (53): 206.

[2] 陈孝，李小丹. 如何对虚拟企业价值进行评估 [J]. 对外经贸财会, 2004 (11): 16.

[3] 蔡春，陈孝. 虚拟企业价值评估研究 [J]. 经济学家, 2005 (3): 14.

价值[①]。

陈金松（2013）就后危机时代虚拟企业价值问题[②]进行研究，认为后金融时代市场竞争变得越来越残酷，企业间竞争跨越了产品、技术和服务的更新换代，正向市场全球化、经营网络化的方向发展。使得危机中的企业带来了前所未有的生存危机。阐述了虚拟企业的价值属性，讨论了虚拟企业价值评估的可供选择方法和后危机时代虚拟企业价值评估的步骤。

目前高新技术虚拟企业价值评价应用的理论方法主要为内在价值法和相对价值法。其中内在价值法就是对未来现金流量按风险因子——贴现率折现后得到的未来现金流量的现值，它是目前成熟市场使用的主流方法；相对价值法则是通过市场上的可类比公司的价值定位，确定相应的"交易性"乘数指标来对公司进行估值，这个乘数指标可以是市盈率、市净率、市销率等不同的指标，其运用的基本前提是找到可类比公司。

内在价值法又可细分为成本法、市场法、收益法等，其中收益法中的现金流贴现法（DCF）是使用最广泛的一种方法。但传统的现金流贴现法一般只适合于短期的、确定性较高的一次性投资项目，而对于高新技术虚拟企业投资这种长期的、有较高不确定性的投资决策，该理论存在较大的缺陷，它忽略了高新技术虚拟企业投资的不可逆性和延迟期权的价值，容易造成对投资项目价值的低估。而应用相对价值法则缺乏可类比公司的数据，比如如何计量高新技术虚拟企业的高风险性、如何计量高新技术虚拟企业决策的动态时序性的价值等，是目前应用传统评价

[①] 吴晓燕，邱妘．虚拟企业价值评估初探［J］．财会通讯（学术版），2007（11）：121．
[②] 陈金松．后危机时代虚拟企业价值问题评估［J］．企业经济，2013（6）：71．

方法进行不确定性决策时最棘手的问题。而实物期权方法是评价像高新技术虚拟企业这种具有较高不确定性投资决策的一种好方法。

实物期权概念最早是由迈耶斯（Mayers）[1]于1977年提出的，他认为项目蕴涵的增长机会类似于一种期权，可以使投资者损失有限，但收益巨大，应该利用期权思维方式来考虑项目投资决策。特别是当1973年布莱克、舒尔斯（Black，Scholes）及默顿（Merton）[2][3]的金融期权定价模型问世并很快被广泛应用，于是现实世界中就出现了大量应用期权思想来分析现实投资问题的公司。20世纪60年代，默顿、米勒、莫迪利亚尼和弗兰科（Merton，Miller H.，Modigliani，Franco）提出了增长机会与企业价值关系理论后[4]，迈耶斯和特恩布尔（Mayers，Turnbull，1977）就认为企业的增长机会就是一个增长期权，由两个部分价值组成，即企业所有有形资产的价值和企业所拥有增长机会的价值（即增长期权的价值）。1984年盖斯特（Kester）认为任意处置的投资机会都可以视为一种看涨期权，是衍生于实物资产的看涨期权，即实物期权，他同时认为，项目的价值应等于该项目未来产生的现金流的现值加上该项目产生的增长机会的价值[5]。特里格奥尔基斯、莱茵斯和梅森（Trigeorgis，Lenos，Mason）认可了实物期权理论并将其应用于项目价

---

[1] MYERS S C. Determinants of Corporate Borrowing [J]. Journal of Financial Economics, 1977 (2): 146.
[2] FISHER B, MYRON S. The Pricing of Options and Corporate Liabilities [J]. Journal of Political Economy, 1973 (81): 639.
[3] MERTON, R C. The Theory of Rational Option Pricing [J]. Bell Journal of Economics and Management Science, 1973 (4): 143.
[4] MERTON, M H., FRANCO M. Dividend Policy, Growth, and the Valuation of Shares [J]. Journal of Business, 1961 (34): 413.
[5] KESTER, W. C. Today's Option for Tomorrow's Growth [J]. Harvard Business Review, 1984 (62): 154.

值评估[1]。实物期权理论还可以用来解决项目投资和资源估价问题,如阿维纳什·K.等(Avinash K., et al.)运用实物期权理论对最优投资决策问题进行了分析,认为企业的投资决策即包含各种增长机会的看涨期权,也包括企业退出决策的看跌期权,进行决策时一定要考虑这些期权价值[2]。科普兰等(Copeland, et al.)采用离散的格子点方法来解释实物期权估价中的风险调整和投资组合复制方法[3];特里格奥尔基斯(Trigeorgis, 1995, 1996)应用实物期权理论对公司的财务问题进行了研究[4][5]。

从目前国内外对虚拟企业或高新技术虚拟企业的研究现状来看,大多是对虚拟企业组建与运作、选择合作伙伴、各成员间利益分配以及虚拟企业风险评价等问题进行分析,很少有对虚拟企业价值或高新技术虚拟企业价值进行研究的,即使有也是利用传统价值评估方法进行价值评估。本书利用实物期权理论对高新技术虚拟企业价值进行研究,丰富了虚拟企业理论研究的内容,也完善了企业价值评估理论。

三、复合期权理论研究

国内外对复合期权的研究主要集中于两个方面:①理论研究,构建复杂复合期权理论模型以及寻求有效的数值求解方法;②应用研究,主

---

[1] Trigeorgis, Lenos, Mason S. P. Valuing Managerial Flexibility [J]. Midland Corporate Finance Journal, 1987 (5): 15.
[2] DIXIT A K, PINDYCK R S. Investment under Uncertainty [M]. Princeton: Princeton University Press, 1994: 34.
[3] TOM C, VLADIMIR A. Real Option: A Practitioner's Guide [M]. New York: Texere, 2001: 22.
[4] Trigeorgis, Lenos. Real Options in Capital Investment: Models, Strategies, and Application [M]. Westport: Praeger, 1995: 26.
[5] Trigeorgis, Lenos (ed). Real Option: Managerial Flexibility and Strategies in Resource Allocation [M]. Cambridge: MIT Press, 1996: 18.

要是拓宽其应用范围，比如以复合期权理论构建风险投资价值评估模型、构建公司战略管理模式等。

在理论研究方面，代表性的有：阿维纳什·迪克西特和罗伯特·平狄克（Avinash K. Dixit and Robert S. Pindyck）将项目多阶段序列投资视为一个多期复合期权，分别采用动态规划方法和相机权益分析方法建立定价的偏微分方程，建立了每期的期权价值函数以及临界条件，通过回溯求出复合期权的解析解[1]，其不足之处是很难获得解析解，只有在某些特定边界条件下才有解析解。杜塔·P. K.（Prajit K. Dutta）利用复合期权理论对多阶段R&D项目的最优资产配置问题进行分析[2]。Alvarez L H R 等（Alvarez L H R, et al）基于格林函数提出多期复合期权通用的求解算法[3]。W T·林（Lin W T）在深入分析简单复合期权模型的基础上，给出了欧式多期复合期权解的一般形式，且对求解的各种解析近似方法进行了比较[4]。该方法的缺点是在其解析方法中仍然包含高维正态积分，不易处理。科恩在实际应用方面，代表性的有：马吉德·S. 和平狄克·R. S.（Majd S，Pindyck R. S.）运用复合期权模型分析了企业的最优生产决策问题[5]；科塔萨尔·G. 和施瓦兹·E. S.（Cotazar Schwartz E）在考虑中间库存基础上，构建了企业资产定价的两

---

[1] DIXIT A K, PINDYCK R S. Investment under Uncertainty [M]. Princeton：Princeton University Press, 1994：32.

[2] Prajit K. Dutta. Optimal Management of an R&D Budget [J]. Journal of Economic Dynamics and Control, 1997 (21)：580.

[3] ALVAREZ L H R, STENBACKA R. Adoption of Uncertain Multi-stage Technology Projects：a Real Options Approach [J]. Journal of Mathematical Economics, 2001 (35)：77.

[4] LIN W T. Computing a Multivariate Normal Integral for Valuing Compound Real Options [J]. Review of Quantitative Finance and Accounting, 2002 (18)：189.

[5] MAJD S, PINDYCK R S. The Learning Curve and Optimal Production under Uncertainty [J]. RAND Journal of Economics, 1989 (20)：335.

期复合期权模型[1];胡切尔梅尔·A.和科恩·M.A.(Huchzermeier A, Cohen M A)利用复合期权理论对全球制造策略定价问题进行了研究[2];森内瓦格·K.(Sunnevag K)利用复合期权理论对勘探许可证定价问题进行了研究[3];西尔维亚·P.和特里格吉斯·L.(Sylvia P, Trigeorgis L)利用复合期权理论对多阶段R&D项目投资决策、多阶段IT基础设施投资和银行的国际分步扩张决策等问题进行了研究[4]。李·J.和帕克森·D.A.(Lee J, Paxson D A)利用复合期权理论构建了包含三阶段投资过程的电子商务R&D项目价值评估模型[5]。延森·K.和沃伦·P.(Jensen K, Warren P)针对服务行业的研发项目价值,构建了一个复合期权模型进行评估[6]。赫拉斯·S.B.和帕克·C.S.(Herath H S B, Park C S)利用二项式树法对多阶段投资决策构建了一个复合期权模型[7]。

与国外有关复合期权的模型与应用研究相比,国内目前的研究还处在起步的阶段。乔华(2000)将石油开发投资项目看成一个复合期权,建立了实际期权标的物的市场平衡模型,结合金融期权定价理论,得到

---

[1] CORTAZAR G, SCHWARTZ E S. A Compound Option Model of Production and Intermediate Inventories [J]. Journal of Business, 1993 (66): 520.

[2] HUCHZERMEIER A, COHEN M A. Valuing Operational Flexibility under Exchange Rate Risk [J]. Operation Research, 1996 (44): 103.

[3] SUNNEVAG K. An Option Pricing Approach to Exploration Licensing Strategy [J]. Resources Policy, 1998 (24): 28.

[4] SYLVIA P, TRIGEORGIS L. Multi-stage Real Options: The Cases of Information Technology Infrastructure and International Bank Expansion [J]. The Quarterly Review of Economics and Finance, 1998 (38): 678.

[5] LEE J, PAXSON D A. Valuation of R&D Real American Sequential Exchange Options [J]. R&D Management, 2001 (31): 193.

[6] JENSEN K, WARREN P. The Use of Options Theory to Value Research in the Service Sector [J]. R&D Management, 2001 (31): 178.

[7] HERATH H S B, PARK C S. Multi-Stage Capital Investment Opportunities As Compound Real Opions [J]. The Engineering Economist, 2002 (47): 6.

了期权价值特性的偏微分方程①；戴和忠（2000）将 R&D 项目看作一个复合的现实期权，并引入 Geske 模型与传统价值评估 NPV 方法进行对比分析②；朱东辰等（2003）基于风险企业的高风险和多阶段特点等特性，运用复合期权方法，构建了风险企业价值评估的多阶段复合实物期权模型③；

郑德渊等人（2003）考虑 R&D 中试阶段和 R&D 初始投资阶段不同波动率特性及 R&D 投资所产生存在溢出效应，构建了 R&D 项目价值评估的复合期权模型④；

齐安甜等人（2001，2003）⑤⑥针对传统价值评价方法存在的缺陷，对企业价值和并购项目投资分别建立复合期权价值评估模型。郑德渊（2004）采用复合期权方法评价 R&D 项目过程中，在跳跃过程基础上将 R&D 投资所产生的溢出效应纳入模型，建立了评价 R&D 项目价值的复合实物期权模型⑦；钱丽丽、柴俊、邓桂丰（2009）在无市场假设下关于期权定价的保险精算方法，并利用公平保费原则和价格过程的实际概率测度，建立了保单的复合期权的定价模型。

从目前国内外对复合实物期权理论的研究来看，该方法主要应用于风险投资企业、创业企业、R&D 项目、企业并购等具有序列投资特征的项目价值评估，很少利用复合实物期权理论对虚拟企业或高新技术虚

---

① 乔华. 资源开发项目中实际期权的价值 [J]. 世界经济，2000（6）：39.
② 戴和忠. 现实期权在 R&D 项目评价中的应用 [J]. 科研管理，2000（2）：109.
③ 朱东辰，余津津. 论风险投资中的风险企业价值评估：一种基于多阶段复合实物期权的分析 [J]. 科研管理，2003（4）：77.
④ 郑德渊，李湛. 基于不对称性风险的复合期权定价模型 [J]. 系统工程理论与实践，2003（2）：18.
⑤ 齐安甜，张维. 企业并购投资的期权特征及经济评价 [J]. 系统工程，2001（5）：44.
⑥ 齐安甜，张维. 基于成长期权的企业价值评估模型 [J]. 管理工程学报，2003（1）：66.
⑦ 郑德渊. 基于跳跃过程的复合期权定价模型 [J]. 中国管理科学，2004（1）：16.

拟企业价值进行评估研究的。

四、模糊期权理论研究

当用传统价值评估方法评价企业价值时存在许多不足并导致低估目标企业价值，于是研究者一致认为应该结合实物期权方法来评价未来具体潜在成长机会的企业价值，但是由于实物期权与金融期权有着本质的区别，在有效的市场条件下，金融期权的一系列前提假设条件基本能够满足，但是实物期权在现实经济条件下，其假设前提难于满足，企业未来的收益等变量的预测具有不确定性。为了解决预期收益等变量值的不确定性问题，有学者开始用模糊理论研究企业价值评估。

根据信息学的观点，随机性只是涉及信息的量，模糊性则关系到信息的含义。随机性侧重事件的外在因果，而模糊性侧重事件的内在结构。因此模糊性是一种比随机性更深刻的不确定性。在现实社会经济环境下有许多非随机因素存在，特别地，在一个模糊的不确定的经济环境中，企业资产的收益具有模糊性，通常不能用随机事件描述，而应该用模糊数。可见，应用模糊理论对投资决策中模糊不确定性进行研究是可行的。近年来，投资决策中模糊不确定性逐渐被人们所认识和关注，随着模糊数学的不断发展，基于模糊不确定性的期权定价问题的研究成为学术界开始关注的重要研究领域之一。综合应用模糊数学理论来研究期权定价问题，为企业价值评估建立一种新的分析框架，在理论和实践中都具有重要和深远的意义。

1965年，控制论专家扎德（Zadeh）于1965年首先提出了模糊集合的概念，用隶属函数来刻画元素对集合隶属程度的连续过渡性，创造了模糊集合理论，提供了对模糊现象进行定量描述和分析运算的方法[1]。贝尔曼·R.和扎德·L.A.（R. Bellman and L. A Zadeh）在多目标决策的基础上，提出了模糊决策的基本模型，将决策者不能精确定义的参数，概念和事件都作为模糊集合进行处理[2]。这种柔性的数据结构与灵活的选择方式大大增强了模型的表现力和适应性。为了说明随机性和模糊性的本质区别，扎德于1978年进一步提出了可能性理论[3]。

模糊理论是处理不确定性的有力工具，可以用模糊理论来描述期权定价模型过程中各种不确定性问题。库奇塔（Kuchta）[4]对投资项目价值运用模糊等价物方法进行评估；兹梅斯卡尔（2001）认为企业价值应该看成一个欧式看涨期权，考虑到企业价值未来的不确定性，应该用模糊随机变量实物期权来评估企业价值[5]；卡尔森 C.和富勒·R.（Carlsson C，Fuller R）认为未来企业收益具有模糊特性，于是建立了企业价值模糊实物期权模型，并对企业价值进行评估[6]；H. C.吴（Wu H. C.）运用模糊截集理论对欧式 B-S 期权的价值区间及其置信度进行了研究，认为应用模糊理论得到的期权价值更符合实际[7]；J. S.姚（Yao J S）和 M. S.陈（Chen Miao-sheng）根据企业现金流的模糊扩展

---

[1] L. A. ZADEH. Fuzzy sets [J]. Information and Control. 1965 (8): 338.
[2] R. Bellman and L. A Zadeh. Decision Making in a Fuzzy Environment, Management Science [J]. 1970 (17): 144.
[3] L. A. Zadeh. Fuzzy Sets as a Basis for a Theory of Possibility [J]. Fuzzy Sets and Systems, 1978 (1): 9.
[4] KUCHTA D. Fuzzy Capital Budgeting [J]. Fuzzy Sets and Systems, 2000 (3): 370.
[5] ZMESKAL Z. Application of the Fuzzy-Stochastic Methodology to Appraising the Firm Value as a European Call Option [J]. European Journal of Operational Research, 2001 (135): 305.
[6] CARLSSON C, FULLER R. A Fuzzy Approach to Real Option Valuation [J]. Fuzzy Sets and Systems, 2003 (139): 231.
[7] WU H C. Pricing European Options Based on the Fuzzy Pattern of Black-Scholes Formula [J]. Applied Mathematics and Computation, Computers & Operations Research, 2004 (31): 1071.

了现金流折现法 DCF 模型，得出了模糊环境下企业价值[1]；J. H. 王（Wang J H）和 W. L. 王（Wang W L）考虑到 R&D 投资组合选择在未来存在信息不确定性问题，认为应该将模糊理论引入实物期权评价模型中，并由此得出了利润最大的 R&D 投资组合项目价值[2]。

日本学者吉田（Yoshida）[3]基于 B-S 模型和等价鞅测度理论，假定股票价格为对称三角模糊随机数，给出了欧式期权的模糊定价公式以及对冲策略。但该模型的缺陷是：（1）只考虑股票价格为模糊数，而其他变量或参数取值仍为准确数；（2）利用对称三角模糊数来刻画股票价格，过于简单。吉田也运用了模糊数学理论对 B-S 模型进行了修正，构建了模糊环境下的 B-S 模型和不支付红利的 B-S 修正模型和看涨看跌平公式。H. 吴（WU H）[4]在考虑支付红利情况下，将无风险利率、资产价格的波动率、股票价格三个变量看成模糊数，构建了考虑红利支付的期权定价模型。K. 蒂亚加拉贾哈、S. 阿帕杜布和 A. 塔瓦内斯瓦恩克（K. Thiagarajah, S. Appadoo, A. havaneswaran）[5]认为公司股票包含了企业价值的看涨期权，利用 B-S 模型和模糊运算计算出了模糊条件下股票的理论价格。兹梅克斯卡尔（Zmechckskal）[6]和 L. 韩、C. 郑

---

[1] YAO J S, CHEN M S. Valuation by Using a Fuzzy Discounted Cash Flow Model [J]. Expert Systems with Applications, 2005, (28): 212.

[2] WANG J H, WANG W L. A Fuzzy Set Approach for R&D Portfolio Selection Using a Real Options Valuation Model [J]. Omega, 2007: 19.

[3] YOSHIDA Y. The Valuation of European Options in Uncertain Environment [J]. European Journal of Operational Research, 2003 (145): 224.

[4] WU H. Using Fuzzy Sets Theory and Black-Scholes Formula to Generate Pricing Boundaries of European Option [J]. Applied Mathematics and Computation, 2007 (185): 139.

[5] THIAGARAJAHA K, APPADOOB S, THAVANESWARANC A. Option Valuation Model with Adaptive Fuzzy Numbers [J]. Computers and Mathematics with Applications, 2007 (5): 832.

[6] ZMECHCKSKAL Z. Application of the Fuzzy-Stochastic Methodology to Appraising the Firm Value as a European Call Option [J]. European Journal of Operation Research, 2001 (2): 305.

(HAN L, ZHENG C)① 采用基于非可加 λ 测度的模糊期权定价方法, 运用 λ 模糊测度和 Choquet 积分求解欧式无红利期权的价格, 所得期权价格是一个区间而不是某个特定数值。韩立岩、周娟 (2007)② 运用 λ-模糊测度和 Choquet 积分, 在 Knight 不确定环境下, 构建了欧式无红利期权定价模型, 并认为模糊测度参数 λ 的取值可以反映投资者个体的主观情绪。穆齐奥利和雷纳尔茨 (S. Muzzioli, H. Reynaerts)③ 引进主观的新测度计算模糊均值估计, 提出了模糊目标模型和均值模型, 给出了美式看跌期权的另一种定价方法。吉田洋、M 安田、中上司等 (Yuji Yoshida, Masami Yasuda, Jun-ichi Nakagami, et al.)④ 根据单期二叉树模型定价函数的单调性, 利用模糊理论关于模糊变量函数的期望值的计算公式求出单期情况下期权价值的清晰数值解, 并通过模糊模拟的方法将期权定价函数的隶属函数近似给出。

在实物期权投资领域, 也同样存在着大量的不确定性。赵振武、唐万生 (2006) 基于跳跃过程, 利用随机模糊理论, 建立随机模糊跳跃模型来描述标的资产的运动过程的模糊实物期权定价模型⑤。陈怡 (2007) 讨论了模糊环境下实物期权估价方法⑥。

从目前国内外学者对模糊期权理论的研究来看, 主要是从两个方面

---

① HAN L Y, ZHENG C L. Fuzzy Options with Application to Default Risk Analysis for Municipal Bonds in China [J]. World Congress of Nonlinear Analysis, 2005 (5-7): 2355.
② 韩立岩, 周娟. Knight 不确定环境下基于模糊测度的期权定价模型 [J]. 系统工程理论与实践, 2007 (12): 125.
③ UZZIOL S, REYNAERTS H. American Option Pricing with Imprecise Risk-Neutral Probabilities [J]. International Journal of Approximate Reasoning, 2007 (10): 2.
④ Yuji Yoshida, Masami Yasuda, Jun-ichi Nakagami, et al. A New Evaluation of Mean Value for Fuzzy Numbers and its application to American Put Option under Uncertainty [J]. Fuzzy Sets and Systems, 2006 (157): 2616.
⑤ 赵振武, 唐万生. 模糊实物期权理论在风险投资项目价值评价中的应用 [J]. 北京理工大学学报, 2006 (1): 12.
⑥ 陈怡. 关于欧式看涨期权的模糊二叉树模型 [J]. 哈尔滨商业大学学报, 2007 (6): 10.

应用模糊理论进行研究：一是将哪些变量视为模糊数。期权定价模型中总共有五个变量，有的学者将其中的一个变量进行模糊，通常将未来预期收益现金流现值或投资成本看成模糊数；也有其中的两个变量看成模糊数，很少对其中三个或以上变量看成模糊数来进行模糊期权定价的。二是选用什么形式的模糊数。一般将各模糊数看成三角模糊数或梯形模糊数。本书为了更真实地描述客观现实，在利用模糊期权定价模型时，我们将其中的四个变量看成模糊数，即认为未来预期收益现金流现值、资产价格的波动率、折现率和无风险利率是模糊数。对于模糊数的隶属函数类型，我们先一般化，然后再考虑特定形式的模糊数。

五、企业边界研究

（一）企业边界理论综述

企业边界问题的提出，可以追溯于亚当·斯密（1776）的古典企业理论派，他们分析了社会分工、企业的产生及企业扩张的相互关系，认为社会分工导致企业的产生；而随着企业的出现，在企业内部使得社会分工进一步深化，并引起企业规模报酬递增，于是企业规模越来越大，但社会分工会受到市场规模的限制。当市场规模一定时，企业的规模及边界也就确定，但当市场规模变化时，根据企业的发展，其规模和边界也会随之改变。也就是说，根据古典经济学的劳动分工理论，企业的边界是与企业规模相关的一个概念，企业的边界是由企业规模来确定的。

而以张伯伦、凯恩斯等为代表的新古典企业理论派，从技术的角度来研究企业，认为利润最大化目标是确定企业边界的核心原则。他们不把企业看作一种组织，而是把它看作一个可行的生产计划集，把企业看成一个抽象的生产函数，考察在完全信息、市场出清和完全理性的假设前提下，运用边际和均衡分析方法，分析厂商如何达到利润最大化目标，并以此来决定企业的边界[①]。

实际上，不管是古典企业理论还是新古典企业理论，都没有对企业的产生及企业边界给出令人信服的解释，并存在许多缺陷，而这些缺陷的存在导致了现代企业理论的产生和发展。

科斯（Coase）在《企业的性质》（1937）中，通过引入交易成本，开创了企业边界决定的新范式。科斯指出，新古典企业理论存在着非常明显的缺陷：忽略了市场机制作用和交易费用问题；强调企业功能的同时，忽略了企业的制度结构；并未令人满意地解决企业的边界及其决定的问题。科斯认为，企业和市场是执行相同职能因而可以相互替代的配置资源的两种机制，无论运用市场机制还是运用企业组织来协调生产，都是有成本的。根据成本交易理论，企业的界限可以理解为，当一个企业扩张其规模时，以至于再多组织一项交易所引起的成本，既等于别的企业组织这项交易的成本，也等于市场机制组织这项交易的成本时，静态均衡就实现了，企业的边界也就确定了，企业与市场的界线也划定了。

在科斯交易成本理论的基础上，威廉姆森（Williamson）进行了发扬光大，认为影响企业边界的因素有两类，即交易因素和人的因素。交易因素主要指市场的不确定性、交易对象的资产专用性和潜在交易对手数量等，人的因素主要是假设交易主体的人具有有限理性和机会主义行为。进而在两因素理论基础上，就交易因素提出了交易维度原理，就人的因素提出了"启发式模型"。交易维度包含交易的不确定性、资产专

[①] FISHER I. The Nature of Capital and Income [M]. New York: Macmillan Company, 1906: 22.

用性程度和交易频率三个维度，不同资产特征的交易具有不同交易成本，而这些不同成本的交易及交易的频率都需要用不同的组织制度来组织协调，而这些组织制度包括市场、企业等组织模式，所以，交易的维度理论解决了交易与组织治理模式的匹配问题。"启发式模型"认为企业边界的决定主要在于激励、适应性调整和官僚成本的平衡，市场和企业组织各有优势，市场机制在生产成本控制方面优于科层组织，但企业在保证契约连续性和完整性等方面占有优势，关键是在市场和企业间如何进行激励、成本的平衡，从而决定企业边界。企业交易理论虽然在一定程度上解决了企业的性质和边界问题，但仅仅分析了企业交易层面的活动，没有涉及企业生产活动的研究，并认为企业的成长力量是外生的。

但根据现代经济学中企业能力理论，企业的增长源泉来自企业的内部资源，并将企业的竞争优势与企业内部因素相结合来分析企业能力的形成。潘罗斯（E. Penrose）在其《企业增长理论》（1959）中认为，企业是"被一个行政管理框架协调并限定边界的资源集合体""企业能力具备知识专有性，形成企业能力的目的是从知识而不是从有形资源的专有中获得经济租金"，所以，潘罗斯认为"企业的边界取决于企业管理者拥有的知识和管理能力"，这就是著名的"潘罗斯效应"。蒂斯等（Teece, et al.）也认为"企业组织的知识及相应的企业能力是企业经营范围的一个决定因素"[1]。理查德森（1972）从企业积累的知识、经验和技能等方面对企业能力进行了区分，扩展了潘罗斯的企业内在增长理论，坚持企业不断学习的过程导致了专门能力，正如企业产品市场的不断开拓不仅带来企业规模的扩大和同质成长，而且导致了企业质的

---

[1] TEECE D. J., PISANO G. and SHUEN, A. Dynamic Capabilities and Strategic Management [J]. Strategic Management Journal, 1997 (18)：509-533.

变化。

普拉哈莱德和哈默（1990）在其《公司核心能力》中首次提出了核心能力概念，认为"核心能力是组织中的积累性学识，特别是关于如何协调不同的生产技能和有机结合多种技术流的学识"。他们还指出"在短期内，一个公司的竞争优势源于现有产品的性价比特性；从长期来看，竞争优势将取决于企业能否以比对手更低的成本和更快的速度构建核心竞争力"，因此，企业拥有的核心能力是企业长期竞争优势的源泉，积累、保持和运用核心能力是企业长期的根本性战略，是企业持续发展、存在的根本保证，并认为核心能力是一种动态的能力，它随着知识的开发、利用和扬弃等过程不断地发生变化。所以，从企业核心能力视角来看，企业的边界在于核心能力的适用边界。

通过以上对企业边界的分析，我们可以将几种有代表性的观点归纳如下：

1. 古典企业理论的观点

斯密等古典经济学派认为企业与市场是相互替代关系，但企业的发展会受到市场规模的限制，当市场规模一定时，社会分工也就停止，于是企业及其边界也就确定了。

2. 新古典企业理论的观点

马歇尔以来的新古典经济理论将企业构造成一个技术上的生产函数，认为企业是为外部进行生产（包括服务）的专业化生产单位，随着企业生产效率的提高，企业规模越来越大，当企业规模边界的扩张不能产生效率时，企业应停止扩张活动，其边界也就确定了。

3. 交易成本理论的观点

科斯与古典企业理论一样，认为企业与市场是两种可以互相替代的机制，决定两者相互替代的关键变量是交易费用，企业扩张会带来自身的组织成本。于是,在"市场交易成本和企业组织成本的双重作用下,企业将倾向于扩张到在企业内部组织一笔额外交易的成本等于通过公开市场上完成同一笔交易的成本或在另一企业中组织同样交易的成本为止"。所以,科斯认为企业组织的边界出现在市场交易成本等于企业内部组织协调成本的平衡点。

威廉姆森在科斯的基础上进一步深化了企业边界理论,认为"企业边界应该是核心技术和另外一些证明在企业内部进行的有效率的交易所组成的集合[①]"。

4. 核心能力理论的观点

该理论从整体的视角来分析企业性质,认为应该将"涵盖与企业能力相关的整个过程、整个企业的内部知识和产品的生产过程和外部的交易过程"来综合分析企业活动,认为企业动态能力就是"企业整合、塑造和重组内部和外部竞争力以应对不断变化环境的整体能力",并以企业动态能力为切入点对企业边界进行研究,认为"企业的边界在于能力的适用边界",强调在进行企业边界分析时,必须按照企业本身的要求和市场经济的内在要求,统一企业的生产功能和交易功能,保证企业在市场中的健康发展。

(二) 虚拟企业边界综述

虚拟企业是一种完全不同于传统企业的新型组织形式,具有暂时性、虚拟性、组织结构松散性和网络化等一般企业难以具备的独有特性,以至于有的人认为虚拟企业没有边界,而有的人认为虚拟企业边界无限大,由于虚拟企业理论产生历史较短,对于虚拟企业的定义、性质

[①] 夏健明,陈元志. 核心竞争力视角下的企业边界——基于价值链的分析 [J]. 经济管理, 2003 (4): 37.

及形成机理都还没有明确的统一认识,同样对于其边界的认识差异明显,也就不足为奇了。对于虚拟企业的边界问题,以下是几种代表性的观点:

巴纳特(Barnatt,1995)认为时间与地理因素已经与虚拟组织的机能没有关联,那么虚拟组织是无边界的。

诺兰和加拉尔(Nolan,Galal,1998)认为虚拟企业有边界,但是在概念和形态上与传统企业的边界含义不同,在虚拟组织中,"物质边界变得没有意义",而与之相对应的法律的、政治的、经济的及社会方面的约束作用开始凸显,这种约束作用使得虚拟组织的边界具有更多的"意识形态"层面的意义。

张晓昆、范平(2003)认为虚拟企业是有边界的,并可以通过生产可能性边界与组织可能性边界的双重定位[①]。

李海舰、原磊(2005)认为像虚拟研发、虚拟生产、虚拟营销等类型的虚拟企业是无边界企业,并且企业的边界不再是指物质边界,而是能力边界,并认为无边界企业的产生是在网络经济条件下,企业之间核心能力相互渗透的结果[②]。

刘兰剑、邵红云(2005)从交易费用经济学理论出发,用数理模型方法分析了虚拟组织的边界范围,认为虚拟组织并不是无限可扩的,而是当虚拟组织的内部治理边际费用与外部交易边际费用相对时,虚拟组织的边界就被确定,并且超越这个边界则虚拟组织的优势就会丧失[③]。

[①] 张晓昆,范平.虚拟企业边界探微[J].经济论坛,2003(22):34.
[②] 李海舰,原磊.论无边界企业[J].中国工业经济,2005(4):96.
[③] 刘兰剑,邵红云.虚拟组织边界范围模型研究——基于交易费用经济学的观点[J].厦门理工学院学报,2005(12):34.

王继涛、周梅华(2007)认为虚拟组织存在边界,包括物质边界、精神边界和社会边界,且比传统组织的边界更为复杂;虚拟组织的边界具有限制与授权的双重属性;虚拟组织的边界具有一定的模糊性、渗透性。[①]

杨国亮(2010)认为从策略性外包的特征看,虚拟企业是真正的"无边界企业",因为虚拟企业除了客户关系不能进行"外包"外,其他任何功能都可以外包,故唯一能够构成虚拟企业边界约束的就是发现并满足消费者需求的能力,而这种需求能力随着信息技术的突飞猛进可以无限延展,这么说来虚拟企业就是无边界企业。[②]

(三)高新技术虚拟企业边界

通过前面的分析可知,目前对虚拟企业的边界问题还没有最后定论,从不同的角度来看其边界,都有其一定的道理。但由于虚拟企业理论本身还在不断发展,对其边界的理解也在不断改变,同样,对于高新技术虚拟企业的边界也没有一个明确的定论。

本书在前人研究的基础上,根据高新技术虚拟企业的定义,认为高新技术虚拟企业存在有限边界,而不是没有边界或边界无限大。因为高新技术虚拟企业的实质就是由一系列核心能力重新进行组合,形成更强大的核心能力或竞争力,所以在考虑高新技术虚拟企业的边界时应该从核心能力视角来分析。根据企业核心能力理论,认为高新技术虚拟企业就是由一系列企业整合、塑造和重组内部和外部竞争力以应对不断变化环境的整体能力组成的一个复杂系统,那么该系统虽然较单个组成企业有更强大的核心能力,但这种整体核心能力也不是无限大,而是有限度

---

① 王继涛,周梅华.虚拟组织的边界问题[J].管理现代化,2007(5):22.
② 杨国亮.从策略性外包看虚拟企业的边界[J].财政问题研究,2010(9):16.

的，那些高新技术虚拟企业核心能力不能包括的领域就是其边界。所以，我们认为高新技术虚拟企业的边界就是其能力的适用边界，并且其边界随着高新技术虚拟企业核心能力的增大而增大。

本书对高新技术虚拟企业的边界进行了界定，是为后面对高新技术虚拟企业价值构成和成长规律分析打下理论基础。

第二节　相关基础理论

一、企业价值评估理论发展历程

企业价值评估的思想来源于费雪的财务预算理论和莫迪斯利亚尼和米勒的企业价值理论（简称 MM 理论）。下面分别简单进行介绍。

1906 年，费雪出版了专著《资本与收入的性质》，首次提出财务预算理论，详细分析了资本价值的形成过程，认为资本的价值实质就是未来收入现金流的折现值，该理论为企业价值评估理论奠定了理论基础。1907 年他又出版了《利息率：本质、决定及其与经济现象的关系》一书，通过利息率对资本收入与资本价值关系的研究，构建完整的资本价值评估理论体系和研究框架，为现代企业价值评估技术打下了坚实的基础[①]。后来，费雪（1930）在《利率理论》中认为，在确定性情况下，投资项目的价值就是未来预期现金流量按照一定的风险利率折现后的现值，也就是说，投资者现在所投资的价值就是所有未来收益的现值，并且只有当项目未来收益的现值大于现在的投资成本时才进行投资。若把

---

① FISHER I. The Rate of Interest: Its Nature, Determination and Relation to Economic phenomena [M]. New York: Macmillan Company, 1907: 36–52.

企业看作一种投资，则企业价值就是企业所能带来的未来收益现金流量的现值[1]。费雪的价值评估理论奠定了现代企业价值评估理论的发展基石。

现代的价值评估技术的发展归功于莫迪斯利亚尼和米勒的企业价值理论。费雪的价值评估理论假定未来的收益是确定的，但采用什么样的资本折现率不确定，而在现实环境中，企业面临的市场和未来收益都是不确定的，以至于费雪提出的价值评估理论就不能很好地解决现实问题，估计出来的企业价值与企业的实际价值相差较远。于是，1958年，莫迪斯利亚尼和米勒在《资本成本、公司融资和投资理论》一文中首次将"不确定性"引入企业价值评估理论中，并将企业价值和企业价值的评估方法进行了科学的严格定义，厘清了企业价值与企业资本结构关系及作用机理[2]，这标志现代企业价值评估理论的完整框架体系已经建立，真正意义上的企业价值评估理论已经诞生。

MM理论解决了具有不确定性的企业价值评估问题，确定了企业资本结构对企业价值的影响。该理论表明，在不确定性环境下，企业价值是指：在有效的完全市场下，企业的市场价值就是企业价值，包括企业的债务市场价值和权益市场价值。在不考虑税收等市场交易费用的情况下，企业股票价值就是股票持有者在未来若干年内剩余收益的现值，债权的价值等于其预期利息的现值加上最终票面价值的现值[3]。如果把股东投资和企业债务看成资本，则企业价值就等于未来预期收益的现金流量按一定折现率折现的现值。企业的预期收益现金流量越大，企业价值

---

[1] FISHER I. The Theory of Interest [M]. New York: Macmillan Company, 1930: 12-41.
[2] MODIGLIANI F., MILLER M. The Cost of Capital, Corporation Finance, and the Theory of Investment [J]. American Economic Review, 1958, 48 (3): 261-297.
[3] 赵振武. 风险投资评估与决策研究 [D]. 天津：天津大学, 2005.

就越大。

1961年，莫迪斯利亚尼和米勒又发表了《股利政策，增长与股票价值评估》，分析了股利政策对企业价值的影响，并且他们对企业价值评估理论进行了总结，提出了四种企业价值评估方法，即现金流量折现法（Discounted Cash Flow Approach，DCF）、收益流量法（the Stream of Earnings Approach）、股利流量法（the Stream of Dividends Approach）和投资机会法（the Investment Opportunity Approach）[1]，其中现金流折现法已经成为当前世界使用最多的价值评估方法。

随后，理论界对折现率的研究和认识更加深入和深刻，取得了很多重要成果。为了对金融风险进行识别和度量，夏普（Sharpe）等人于1964年在资产组合理论基础上，提出了资本资产定价模型（Capital Asset Pricing Model，CAPM）；斯蒂芬·罗斯（Stephen Ross）于1976年在因素模型基础上提出套利定价理论（Arbitrage Pricing Theory，APT），研究了金融资产的预期收益率与风险资产之间的关系，这些研究成果为精确估计企业的资本化率扫清了障碍，使得现金流贴现法等方法更加完善，并逐渐成为价值评估的主流方法。为了克服DCF等方法的不足，S.C. 迈尔斯（S.C. Myers）[2]于1974年提出了调整现值法（Adjusted Present Value Method，APV），认为项目的现金流量包括无杠杆作用（全部为权益资本）的营业现金流量和与项目融资联系的现金流量两部分，并且对每部分现金流量分别采取不同的贴现率。APV法避免了将不同性质的资本成本加权平均可能产生的较大误差，该方法计算的各种

---

[1] MODIGLIANI F., MILLER M. Dividend Policy Growth and the Valuation of Shares [J]. The Journal of Business, 1961, 34 (4): 411-418.

[2] MYERS S C. Interaction of Corporate Financing and Investment Decisions-Implications for Capital Budgeting [J]. Journal of Finance, 1974, 29 (1): 1-25.

资本的创造价值比较明确，有利于管理层对价值创造过程的管理和监督，但 APV 法计算烦琐，同样没有解决如何选择折现率的问题，在实际应用中很多现实问题无法解决，效果也不理想。

为了适应企业经营环境的变化，斯图尔特（Stewart）于 1991 年提出了经济附加值（Economic Value Added，EVA），它是基于税后营业净利润和产生这些利润所需资本投入总成本的一种企业绩效财务评价方法，经济附加值就是企业扣除所有资本成本后的收益，该方法克服了传统指标的缺陷，能够准确反映企业为股东创造的价值。该方法一经提出就受到了普遍欢迎，曾经成为像 JP 摩根、高盛等著名投行分析企业价值的工具。但该方法至今还没有形成完整的理论体系，也没有形成标准的操作方法，这些都影响它的应用和发展。

到了 20 世纪 80 年代，随着新经济的出现以及高新技术产业的发展，使人们对企业价值的理解有了新的认识，认为企业拥有的获利机会是有价值的，在进行价值评估时应该考虑这种由于不确定性带来的获利机会价值，故企业价值应是企业未来现金流量的折现值与企业所拥有的获利机会价值之和，即企业价值就是企业现有基础上的获利能力价值和潜在的获利机会价值之和[1]，这就是代表企业价值评估最新发展方向的实物期权评估方法。这种方法，首次把企业所拥有的机会价值融入企业总价值中，使人们对企业价值的内涵认识更加深刻。

二、常用企业价值评估理论

目前，企业价值评估方法主要有成本法（Cost Approach）、收益法、市场法（Market-based Approach）和实物期权法，在实业界前三者是世

---

[1] 左庆乐．企业价值内涵的界定［J］．经济师，2004（3）：167．

界公认的三大价值评估方法，实物期权法只是在理论界研究比较热，在现实生活中使用相对较少。下面分别对各种价值评估方法进行介绍。

（一）成本法

成本法也称资产基础法（Asset-based Approach），是指在合理评估企业各项资产价值和负债的基础上确定企业价值的评估方法，具体是指将构成企业的各种要素资产的评估值加总求得企业价值的方法①。主要有账面价值法、清算价格法和重置成本法。

1. 账面价值法

企业账面价值主要由企业投入资本与利润所构成，即企业所有账面净资产调整之后的加总。其基本公式为：

目标企业价值 = $\sum$ 目标企业的各项账面净资产 × （1+调整系数）

该方法的好处就是其企业资料易获得、比较客观、计算简单。但其缺点是在市场不完备、资产评估技术不发达等情况下，企业的账面价值易被相关人员操纵，导致数据失真；忽视企业的无形资产价值；忽略了企业的未来盈利能力和成长性带来的价值。

2. 清算价格法

清算价值是指企业出现破产、资产抵押或停业清算时，将其资产进行变现的价值，是评定重估价值的一种资产评估方法。该方法主要针对已经失去增值能力的企业的价值评估。

3. 重置成本法

也称成本加和法，在考虑去除相关资产的贬值后，企业重新构建一个与评估对象完全相同的企业所需花费的总成本。重置成本法就是用这

---

① 王志华，王跃. 企业价值评估方法比较研究 [J]. 企业导报，2010（3）：164.

种成本来视为被评估对象现实价值的一种企业价值评估方法。其基本公式为：

目标企业价值=企业资产的当前市场价格-资产折旧额

通过上面的分析可知，成本法是以目标企业的历史成本作为计算基础，分别对企业各项资产进行评估，然后再进行加总的一种静态评估方法，具有数据容易获取、相对比较客观、评估风险较低等优点。但该评估方法仍存在很大的局限性：基于历史成本的分析角度，忽视了企业资产的现实功能与绩效作用；由于对目标企业的各项资产进行单独评估，然后加总，这样低估了企业的整体价值，忽视了其资产的协同效应；忽视了无形资产在企业中的价值。鉴于成本法有以上诸多缺陷，以至于该方法没有被广泛采用。只是在企业出现经营困难时，它可以提供一个评估价值的底线[①]。

（二）收益法

收益法又称收益还原法或收益资本金化法，是指通过估算被评估资产的未来预期收益并折算成现值，借以确定被评估资产价值的一种资产评估方法。收益法对企业价值的评估实质是一种专业技术分析，需要综合考虑与目标企业相关的政治、经济、管理、法律等因素的影响，是企业评估师的专业判断。收益法中最主要的两种方法现金流量折现法（Discounted Cash Flow，DCF）和经济附加值法（Economic Value Added，EVA）。下面分别予以介绍。

1. 现金流量折现法（DCF）

现金流量折现法是 MM 理论的核心模型，该方法认为企业能够持续

---

① 王棣华. 企业价值评估方法有关问题研究 [J]. 海南金融, 2007 (11): 82.

经营，其价值大小不是由企业过去或现有的资产规模来决定，而是由企业未来能产生的现金流量来决定。其基本思路是：在考虑资金的时间价值和风险的情况下，将发生在不同时点的现金流量按既定的贴现率统一折算为现值再加总求得目标企业价值[①]。可见，DCF 就是指根据企业未来的预期收益以一定的折现率进行折现求价值的一种资产评估方法，该方法认为企业价值是由其最终所能创造的现金流量所决定的，并通过将预测的该企业未来现金流量折现成现值得到企业价值。企业价值基本计算公式为：

$$V = \sum_{t=1}^{n} \left(\frac{NCF_i}{(1+i)^t} \right) + \frac{TV}{(1+i)^n}$$

其中，NCF_i——目标企业第 t 年的现金净流量；

TV——为目标企业终值，即第 n 期末的价值；

t——目标企业存续期限，即投资期限；

i——财务基准收益率，即资本边际成本。

从上面 DCF 法的企业价值公式可以看出，其价值大小取决于企业的预期收益、折现率以及企业存续期三个决定要素。企业的预期收益可以通过利润、股利或现金流量等表示，对预期收益的预测和采取何种形式都将直接影响到企业价值的大小。折现率选择的正确与否，直接影响到目标企业价值评估的准确性，折现率的选择要考虑到企业在整个存续期内面临的种种不确定性，即企业面临的各种风险，而企业面临的风险与企业收益是成正比的，一般说来，风险越大，企业收益越高，只有正确认识到这些不确定性对企业未来收益的影响大小，才会选取合适的折现率。同样，目标企业未来可能存在的存续年限对企业价值评估也至关

---

① 黄新颖. 现金流量折现法在我国企业并购中的应用分析 [J]. 财会研究, 2010 (14): 43.

重要。这三个影响要素是在对企业未来进行合理预测的基础上,经综合权衡后适当选取,否则收益法评估出的企业价值会严重偏离客观实际。

DCF法能够很好地体现企业价值的本质,符合价值理论,并能通过各种假设,反映企业管理层的管理水平。但是,DCF法建立在消极管理假设基础之上,其具体做法是首先估计、预测企业寿命期间所有现金流量,并加以适当调整,然后以一个合适的折现率将现金流折成现值,并据以评价企业价值。DCF法主要的内在局限是:

不能体现企业未来所拥有的未来投资机会价值,DCF法实际上考虑的仅是资金的时间价值问题,而高新技术虚拟企业这种投资的直接成果并不表现在企业经营资金流上面,而是在于能为企业将来带来资金流的新技术和核心能力。

DCF法不能正确反映企业投资活动所具有的不确定性。应用DCF法进行企业价值评估时,必定要选择一个合适的折现率。通常取较大的值,以反映其不确定性,但到底取多大,这需要凭经验来确定,同样的企业不同的评估人员会取不同的折现率,肯定会得到不同的企业价值,这样必会造成企业许多潜在战略价值的资产价值得不到应有的重视,从而导致低估目标企业价值。如果采用低折现率的方法又容易使得目前企业价值评估偏高。

DCF法将企业所有资产看成静态的和一次性的投资取得的。而实际上随着市场因素条件的变化,当某些不确定因素成为确定性因素时,决策者会做出推迟生产经营、扩大或缩小生产经营规模等决策,这种柔性决策必然会改变企业的价值,而DCF法无法反映这些因素对企业价值的影响。

2. 经济附加值法(EVA)

经济增加值法(Economic Value-Added,EVA),是指企业根据税

后净营业利润与全部投入资本成本相抵后的差额来评估企业价值的一种方法。其计算公式为：

EVA =税后净营业利润-资本成本

=税后净营业利润-（资本总额×加权平均资本成本率）

经济增加值就是一种经济利润，而经济利润可以反映一个企业能否真正盈利，通过它可以充分地利用机会收益去测算企业的真实收益，是对企业经营业绩更真实的模拟和揭示[1]。企业的总成本包括显性成本和隐性机会成本，前者是指企业会计系统中的全部经营成本，后者是企业经营活动中所用全部资本的机会成本。EVA法不仅考虑了企业的实际费用支出等显性成本，还考虑了企业所用资本的隐性机会成本，因而，更符合企业的实际价值，使评估结果更加准确合理，体现了一种崭新视角的企业价值观。在具体操作上，易于获取EVA模型中的指标数据，即目标企业的所有投入和未来预期的所有经济附加值都较容易从预测的企业财务报表上直接得到或者通过计算得到，从而使得企业资产负债表和利润表业上的会计资料更具有现实意义和实际价值。

当然，EVA法在评估企业价值时也存在一些不足：①到目前为止，该方法还没有一套标准化的操作方法体系。②在使用EVA评估企业价值时，需要对目标企业的指标数据进行调整，而某些调整指标的数据很难获取，无法通过企业公开的财务报表得到。③经济附加值法不能充分反映企业部门间的规模差异。一般而言，规模较大的企业部门理应创造更高的经济附加值，但由于部门资产基数不同形成的规模差异会造成企业部门间经济附加值结果的差距。故经济附加值法不能有效地控制企业部门之间的规模差异因素对企业价值评价结果的影响。

---

[1] 方为，贺松山.基于经济附加值（EVA）的企业价值评估体系的研究[J].价值工程，2007（8）：135.

（三）市场法

市场法也称市场价格比较法（Market Approach），是指通过比较目标企业与市场上类似企业的异同，并将类似企业的市场价格进行适当调整，从而确定目标企业价值的一种价值评估方法。该方法适用于上市公司或非上市公司的价值评估。

市场法是一种比较简单而有效的价值评估方法，因为评估所需的所有资料直接从市场公开获得。市场法应用的前提条件是需要有一个有效的资产市场和能够搜集到参照企业及其相关技术参数资料。一个充分发育和活跃的资产市场，可以保证足够多的企业进行交易，从而保证交易结果是合理、公平的，这样才能很好体现被交易企业的真正价值。同样，能否找到与目标企业相同或相类似的参照物至关重要，虽然真正与目标企业完全相同的参照企业很难找到，但可以对类似参照企业进行调整，修正相关指标及技术参数，故能否获取类似参照企业及其调整的指标、技术参数资料是决定市场法的关键。由于市场法的一切数据资料都是从市场上公开获取的，经历了市场的检验，其结果更易于人们接受。

根据参照企业指标选择的不同，市场法又可分以下几种：

1. 价格比率法

价格比率法是指根据参照企业的价格比率来确定目标企业的一种价值评估方法。在价格比率法中，常用的价格比率方法有：市盈率法（价格与收益比率）、市销率法（总市值与销售收入比率）、市净率法（价格与账面价值比率）和托宾 Q 值法。

（1）市盈率法。

市盈率法是指以目标企业所在行业平均市盈率来估计目标企业价值的一种方法，该方法的关键是确定可比较企业的价值。市盈率法适用于未公开化企业或者刚刚向公众发行股票的企业进行价值评估。由于市盈率法将企业股价与当期收益联系起来，比较直观易懂，计算简单、数据查找方便，加上该方法反映企业未来面临的风险和增长潜力，所以市盈率法被广泛使用。但市盈率法也存在许多不足，比如没有对企业风险、成长性和股东权益等进行估计和预测，更多地反映了市场人气和看法等主观因素的影响。

（2）市销率法。

市销率法又称收入乘数法，是指企业总市值除以销售收入或每股市价除以每股销售收入来评估企业价值的一种方法。随着科技进步和技术创新战略的实施，越来越多的高新技术企业产生、壮大，而这些企业由于自身特点，一般在初创期或成长期很难有盈利，故无法用市盈率等方法对这类企业的价值或风险进行判断，若用市销率法进行计算不会出现负值，尤其对亏损企业和资不抵债的企业，也可计算出一个有意义价值乘数。由于市销售率计算结果比较稳定、可靠，不容易被操纵，又不要求企业一定要产生利润，而且可较好反映价格政策和企业战略变化对企业价值的影响，故该方法被广泛使用于销售成本率较低或趋同的行业的企业价值评估。该方法的不足主要是：不能反映目标企业的成本变化对企业价值的影响；只能进行同行业企业市销率对比，不同行业进行市销率比较没有意义；不能剔除企业间关联销售对企业价值的影响。

（3）市净率法。

市净率法是指根据企业每股股价与每股净资产的比率来评估企业价值的一种方法。每股市价是目标企业的现在价值，它是资本市场交易的结果，而每股净资产是股票的账面价值，是用目标企业的成本来计算的。如果企业市价高于账面价值，说明该企业质量好，价值高，反之企业资产差，价值低，没有发展潜力。

(4) 托宾 Q 值法。

托宾 Q 值（Tobin's Q Ratio）是指目标企业的市场价值与其重置价值之比。可以通过这个比值来衡量企业的市场价值是高估还是低估。进行企业价值分析时，托宾 Q 值事实上就是利用资本市场对企业资产价值与生产同样规模企业所需成本的比值来估算企业价值，即托宾 Q 值等于企业股票的市场价值除以新建造一个相同规模的企业的投资总额。通过托宾 Q 值可以两个市场联系起来，即体现企业市场价值资本市场与体现企业重置成本的现实市场联系起来。在企业价值评估方面，该方法克服了账面价值易受企业会计政策影响的局限，有利于不同企业间价值的比较，并且在一定程度上弥补了会计方法的不足，为企业并购、重组提供了参考数据①。

2. 股票债券法

股票和债券法是指将目标所有发行在外的证券（包括股票和债券）的市场价值之和作为目标企业价值的一种评估方法。该方法的前提是目标企业的股票和债券是公开上市交易的。该方法的思路是企业证券市场价值从总体上反映了目标企业的内在价值，企业市场价值是企业经济价值在市场上的反映，是企业特定时间的证券市场价值，而证券市场价值总额近似地反映了企业的整体价值②。该方法计算简单易行，避免了评估者的主观判断。从该方法的计算公式可以看出，企业价值主要受到股票和债券的数量及其价格的影响，而企业发行的股票或债券数量比较确定，但是其价格除了易受目标企业本身的经营状况影响外，也易于受到政治经济等宏观环境的影响，甚至受到投资者情绪等心理变化的影响，从而导致企业股票价格剧烈波动以至于影响目标企业的价值判断。

---

① 林美华，樊江娜. 托宾 Q 值的应用 [J]. 中国外资，2010（1）：132.
② 赵坤，朱戎. 企业价值评估方法体系研究 [J]. 国际商务财会，2010（12）：33.

总之，通过上面对各种传统价值评估方法的分析，发现传统方法存在以下不足：①各种传统评估方法都假设资本市场是高度有效的，而实际上，像中国这种发展中国家，其有效资本市场还没有完全建成，导致各种传统评估方法的理论基础不牢；②这些方法大多是将企业所有资产看成静态的和一次性的投资取得的，忽视了动态环境下企业创造的价值；③重实物资产的价值评估而忽视无形资产、投资机会价值的评估，严重低估了目标企业的价值。

为了克服以上不足，必须寻找一种更佳的价值评估方法，以便正确评估企业的价值，而实物期权方法是一种更合适于评价新经济环境的企业价值评估方法。

（四）实物期权方法

1. 实物期权理论产生背景

实物期权理论是近年来在价值评估领域研究的热点。基于现有的传统价值评估方法（如 DCF 法、成本法等）存在固有的缺陷而不再适合评价 R&D 项目投资以及企业价值评估这种具有柔性价值的投资决策而提出来的，并且脱胎于金融期权定价理论，是金融期权在现实世界中的应用。实物期权的产生与被广泛应用，是基于以下几个方面理由：

（1）企业的投资机会可以看成一个看涨期权，在未来可能会给企业带来巨大收益和增长潜力，具有战略价值。

（2）现实生活中，投资具有不可逆性，但可以将投资引起的沉没成本看作为了获得未来投资期权而付出的期权费用。

（3）将管理灵活性考虑到项目评估之中，认为管理者管理灵活性，在投资过程中他们可以根据环境的变化而调整自己的经营决策，这种管理灵活性是有价值的。

而实物期权刚好综合考虑了上述各方面因素,实物期权方法相对于传统评价方法而言,具有以下几点优势:

(1) 考虑了企业各项资产的战略成长性。传统方法常常忽略了资产的战略成长性,导致评估结果偏低。

(2) 充分利用有利的不确定性,同时规避了不利的不确定性,考虑了不确定性带来的选择权收益。

(3) 充分考虑了新信息对企业经营灵活性的价值等。正因实物期权具有如此优势,所以,在发达国家实物期权评价方法不仅在理论上发展很快,更重要的是越来越多的企业开始应用实物期权理论进行企业价值评估,从而更真实地反映企业的实际价值,为正确进行投资决策提供了可靠保证和依据。

2. 实物期权与金融期权

(1) 金融期权。

金融期权(Financial Option)是一种以金融商品或金融期货合约为标的物的期权交易,是一种有关选择权的合约,它赋予其持有者在未来规定期限内按双方约定的价格〔简称执行价格(Exercise Price)〕购买或出售某种金融资产(称为标的资产,如股票、外币、汇率、国库券、外币期货等)的权利。根据执行时间的固定与否,金融期权可以分欧式期权和美式期权,前者是指期权支持者在未来某一固定时间内购买或出售某种金融资产的权利,只能在约定的固定时刻执行,欧式期权比较死板,相对于美式期权灵活性差;后者是指期权持有者在未来约定时间内的任意时间都可以购买或出售某种资产的权利。根据期权购买者的权利,金融期权可以划分为看涨期权和看跌期权。

看涨期权(Call Option),也称为买进期权,是指期权购买者按照事先约定的价格在规定的期限内享有向期权拥有者购买标的资产的权利,但不必承担必须买进的义务。期权购买者购买这种买进期权,是因为他对该标的资产价格看涨,将来可获利。购进该看涨期权后,当标的资产市价高于协议价格,期权购买者可按协议规定的价格和数量购买该资产,获取利润;当资产价格低于协议价格时,期权购买者就无利可图,并会放弃购买该期权。因此,期权购买者的最大损失就是购买该期权的费用,即其损失是有限的,但收益却可能非常大。

看跌期权(Put Option),也称为卖出期权,是指持有该期权的投资者拥有在某一事先约定时间以某一特定价格卖出标的资产的权利。在看跌期权买卖中,买入看跌期权的投资者是看好标的资产价格将会下降,所以买入看跌期权。

可见,不管是看涨期权还是看跌期权,期权合同赋予购买者的是一种未来的选择权。也就是说,在未来当标的资产朝自己有力的方向发展时,期权购买者才可以行权,否则期权购买者不行权。例如,买了一份看涨期权,只有当标的资产的市场价格高于执行价格时期权的拥有者才会行权,否则,他将会放弃行权,顶多损失当初购买该期权时的期权费。总之,期权赋予持有者的是一种决策权力,这与一般的单一决策有明显不同。

(2)实物期权。

实物期权(Real Options)的概念最初是由迈耶斯[1]于1977年提出的,他认为投资活动产生的现金流现值,来源于两部分,即目前所拥有资产所创造的价值和未来投资机会创造的价值。这种未来投资机会使得企业拥有一个权利,即在未来以某个价格取得或出售一项实物资产或投资计划的权利,所以实物资产投资价值可以使用一般金融期权方法来评

---

[1] MYERS S C. Determinants of Corporate Borrowing [J]. Journal of Financial Economics, 1977 (2): 148.

估，同时又因其标的物为实物资产，故将此性质的期权称为实物期权。

与金融期权相比，实物期权具有以下四个特性：a. 非交易性。实物期权与金融期权最本质的区别在于非交易性。实物期权不像金融期权具有一个非常容易操作的金融交易市场，实物资产很难实现交易；b. 非独占性。由于知识的再创造性和扩散性，实物期权不能被某一企业进行所有权的独占，很可能被多个竞争者共同拥有，而这种非独占性使其价值不仅受一般参数的影响，还与竞争者有关；c. 先占性。先占性是指抢先执行实物期权者可以获得战略主动权和实现实物期权的最大价值；d. 因果性。多数情况下，各种实物期权间总存在着一定的因果性，这种关系多存在于具有多阶段投资决策活动中。

（3）两者的关系与区别。

金融期权是以金融资产为标的资产的期权。相对实物资产而言，金融资产有很好的特性，如可分割性、可逆性、流动性等，这些特性使金融市场与实物市场相比有着特殊的交易机制和均衡机制。金融资产在金融市场中很容易形成大规模、连续性的标准化交易，使得一般均衡原理、无风险套利原理和完全市场及风险中性的假定成立。在金融市场中，期权的价值可以很容易地通过构造一个证券组合来动态地复制以得到均衡价格。实物期权是金融期权理论在公司投资决策领域的扩展，是企业进行长期项目投资决策时拥有的、能根据决策过程中尚不确定的因素改变投资行为的权利。本质上两者都是赋予期权持有者在规定的时间内按一定的价格得到或出让某种资产的权利，金融期权为实物期权提供了定价方法，实物期权则把金融期权的定价方法和投资方法推向更广泛的领域。但两者又有一定的区别[①]。由于实物期权以实物资产为标的

---

① 刘照德，张卫国. 实物期权理论在我国的应用现状和存在的几个认识误区 [J]. 科学学与科学技术管理，2009（1）：98.

物,因实物资产较差的流动性、非可逆性决定了实物资产市场中许多交易都是非连续的,甚至是非市场化的;而金融期权是一种连续性的、标准化的交易。从影响因素来源看,影响金融期权的主要是不可分散的市场风险,而影响实物期权价值的不确定因素的来源比较复杂,不仅要考虑市场风险,更多地要考虑非系统风险。从对相关企业经营活动的影响来看,金融期权的决策不能改变企业的价值,也就是金融期权不会改变企业的经济活动,只是期权买方与卖方之间的博弈;而实物期权的决策会通过改变企业的资源使用状况来改变企业的价值。所以,在使用实物期权时不能完全套用金融期权的定价公式,一定要考虑定价模型的限制条件和项目的独有特性。

3. 实物期权的类型与定价原理

(1) 实物期权的类型。

实物期权的基本模型是借鉴了金融期权,但应用时应视被评价对象具体情况再做适当调整。常用的模型包括注[①]:

①二叉树模型。

二叉树模型,又称格点法模型,是一个离散时间模型,用树型描述来分析资产价格在整个时间的运动状态,用格点法做期权估值比较灵活,它也可以处理许多不可能有解析解的状况,所以,它是一种比较常用的期权定价方法。

设 T 为期权的到期日,它被合理地分成 N 个长度为 Δt 的小区间,使得 $T = N\Delta t$。在每个时间区中,资产价格或者从 S 上升到 uS,或者从 S 下降到 dS。这一资产的价格变动服从二项分布,其上升概率为 p,下降的

---

① 注这里只介绍三个与本书相关的常用模型,对模型更详细的介绍和分析请参考:埃里克·布里斯蒙齐尔·贝莱拉赫,胡·明·马伊等. 期权、期货和特种衍生证券理论、应用和实践 [M]. 史树中,等译. 北京: 机械工业出版社,2002: 122-140.

概率为 $1-p$，相应地期权价格为 $C_{上升}$ 或 $C_{下降}$。

二项过程如图 2-1 所示，参数 u，d，p 是在区间中 S 的收益率的均值和方差的函数。在风险中性世界中，模型参数满足下列关系：

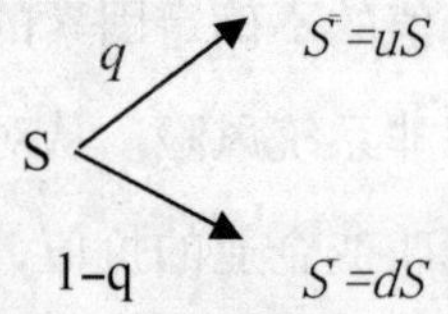

$$S \begin{array}{c} \xrightarrow{q} S=uS \\ \xrightarrow{1-q} S=dS \end{array}$$

图 2-1 某个时间点的资产价格二项式树变动过程图

$$u = e^{\sigma\sqrt{\Delta t}}, \quad d = e^{-\sigma\sqrt{\Delta t}}, \quad a = e^{r\Delta t},$$

$$p = \frac{a-d}{u-d}$$

在每个节点的资产价格给定为 $Su^j d^{j-i}$，其中 j 从 0 到 i。则根据无套利均衡原则，可以计算出每个节点的期权价值：

$$C_{i,j} = \frac{pC_{i+1,j+1} + (1-p)C_{i+1,j}}{e^{-r\Delta t}}$$

②B-S 模型。

布莱克-舒尔斯于 1973 年在作了一系列假设下建立了期权定价模型，其假设有：

a. 必须是欧式期权；

b. 期权有效期内利率已知；

c. 标的资产的价值遵循方差率与股票价格平方根成正比的随机游动，即没有分红，也无配股；

d. 没有交易费用，允许卖空，即投资者可以卖出并不持有的股票；

e. 交易连续进行。

在风险中性假设下，B-S 模型可以表示为：

$$C = SN(d_1) - Xe^{-r(T-t)}N(d_2)$$

其中，$d_1 = \dfrac{\ln(\dfrac{S}{X}) + (r + \dfrac{1}{2}\sigma^2)(T-t)}{\sigma\sqrt{T-t}}$

$d_2 = d_1 - \sigma\sqrt{T-t}$

C 是买入期权的价值；S 为标的资产的价值；σ 是波动率，即 S 的期望收益的标准差；X 为期权的执行价格；r 代表无风险利率；$T-t$ 是距期权到期日的有效时间；$N(\cdot)$ 表示累积正态分布。

③Geske 模型

盖斯克（1979）在分析连续投资项目或者分阶段投资项目时，认为每阶段投资都具有不同的实物期权值，并且它们间相互影响，不是各阶段期权的简单相加，于是就建立了一个复合期权分析框架来研究复合期权的定价问题。在不支付红利的情况下，复合期权值的解析表达式为：

则根据盖斯克的复合期权公式，其复合期权价值为：

$C = F e^{-rT} N_2 (a + \sigma\sqrt{t}, b + \sigma\sqrt{t}; \rho) - I_3 e^{-rT} N_2 (a, b; \rho) - I_2 e^{-rt} N(a)$

其中，$a = (\ln(F/F_c) + (r - \dfrac{1}{2}\sigma^2)t)/(\sigma\sqrt{t})$ ；

$b = (\ln(\dfrac{F}{I_2}) + (r - \dfrac{1}{2}\sigma^2)T)/(\sigma\sqrt{T})$ ；

$\rho = \sqrt{\dfrac{t}{T}}$ ；

$N_2(a_1, b_1; \rho)$——标准二维正态分布的累计概率函数，a_1，b_1 为上积分的极限，ρ 为相关系数；

$N(a_2)$——单维正态分布的累计概率函数；

F——t_2 时刻的投资产生的未来现金流量现值；

F_c——第二个期权价值，等于第一个期权交割价格时项目的价值，可利用 Black-Scholes 模型计算；

σ——描述标的资产收益不确定性的波动率；

r——投资的无风险利率；

t——第一期权到期的时间，$t = t_1 - t_0$；

T——整个复合期权到期的时间，$T = t_2 - t_0$。

（2）实物期权的求解。

实物期权的求解主要是利用一些现有的金融期权评价模型和方法成果。为了便于后面的分析和讨论，有必要将目前有关期权评价模型和方法的研究在此做一简要的归纳和总结。一般地，金融期权评价模型可分为两大类型：一是具有解析解或公式解模型，如 B-S 模型和 Geske 的复合期权模型等；二是数值分析法模型，如二项式树法期权定价模型、蒙特卡罗模拟法模型和有限差分法模型等。下面分别进行简单介绍：

①解析解法。

该方法主要是运用无风险投资组合的构建，并求出该风险投资组合的随机微分方程式，再依据特定的边界条件，重新积分原微分方程式，从而得到衍生性商品的解析解与定价公式，B-S 公式是解析解或公式解的典型代表。B-S 模型目前已成为用来评价期权合理价格的衡量标准。将 B-S 模型运用于分析实物期权时，具有下列限制：

a. B-S 模型是应用了欧式期权，但实物期权更多的属于美式期权，故 B-S 模型结果只可作为其下界。

b. 假定资产价值波动率不变，这可能与现实情况不一致。

但是除去以上限制，B-S 模型具有很多现实优点。

c. B-S 模型较简易、操作方便，只要管理者将投资问题简化，找出各设定变量，便可得出所需要的结果，故具有很高的应用价值。

d. B-S 模型易于与传统的价值评估法进行比较，因为这两类方法具有类似的评估变量，易于比较。

②数值解法。

期权评价模型的数值解主要包括三种方法：蒙特卡罗模拟法、有限差分法、二项式树图法。蒙特卡罗模拟法适用于欧式期权或复杂的报酬情况，不太适合美式期权的评价。有限差分法适用于欧式期权和美式期权的评价，还可用于多个标的变量的情况，但代价是计算时间会大大增加。二项式法既可同时应用于欧式或美式期权问题的求解，而且期权价值不受标的资产价值需遵循一般化的维纳过程并服从对数正态分布的限制。

第三章　高新技术虚拟企业价值构成与评估特性研究

高新技术虚拟企业价值的评估，是建立在对高新技术虚拟企业的价值内涵、价值构成及其价值形成机理进行深入分析的基础上。本章通过对高新技术虚拟企业价值进行界定，分析了高新技术虚拟企业的成长特征及价值形成机理，并对高新技术虚拟企业风险、影响因素及价值评估特性进行了研究分析，为后面建立相关模型提供理论支持。

本章内容主要包括以下五部分：第一，从不同角度对高新技术虚拟企业进行分类，并对其特征进行深入分析；第二，从复杂动态性和经济学特性两个方面对高新技术虚拟企业的成长过程进行分析；第三，从静态风险和动态风险两个方面对高新技术虚拟企业所蕴含的各种风险进行分析研究；第四，从虚拟研发、虚拟生产、虚拟销售和基于生命周期理论四个方面对高新技术虚拟企业价值影响进行分析；第五，对高新技术虚拟企业的价值评估特性进行了研究分析，并对实物期权在我国的应用现状进行了问卷调查，总结出了我国对实物期权的五条认识误区。

第一节　高新技术虚拟企业的类型

高新技术虚拟企业如同一般实体企业一样，是一个不断完善、演进的概念，其组织形态多种多样。基于不同角度，高新技术虚拟企业具有不同的类型。以下是基于不同视角将高新技术虚拟企业进行分类。

一、根据虚拟的过程或对象分

从虚拟的过程或对象来看，可以分为机构虚拟型 HNTVE 和功能虚拟型 HNTVE。

机构虚拟型 HNTVE 不像实体企业一样，不具有有形的组织结构，其组织结构是根据环境的变化和市场机遇进行组合的，并动态地调整其组织结构以适应新形势的变化，它也没有集中式的办公地点，而是通过信息技术将分布于不同地方的相关企业或机构联结起来，实行协同工作。这类机构虚拟型 HNTVE 主要产生在知识密集型高新技术企业间。

功能虚拟型 HNTVE 是指具有诸如技术开发、产品生产、销售及成果转化等一般高新技术企业所具有的完整功能，但任一单个企业（包括盟主企业）没有完整执行这些功能的组织，每个成员企业只保留自己的核心或关键功能，这些成员企业的核心功能组成了 HNTVE 完整的功能，并且根据目标的需要进行动态调整。根据高新技术企业的特性，功能虚拟型 HNTVE 又可以进一步分为基于成果转化的 HNTVE 和基于知识生产的 HNTVE。

（一）基于成果转化的高新技术虚拟企业

基于成果转化的 HNTVE 是指盟主企业为了适应创新产品灵活性发展和快速响应市场的需求，将创新成果（包括新产品、新技术、新工艺、新设备）进行分解（包括产品生产、营销、服务等），让外界具有核心能力的企业承担全部或部分创新成果的转化。这种形式的 HNTVE 中，盟主企业根据自身的优势主要进行产品创新等研究开发，而成果转化交由在成果转化方面具有核心竞争力的相关企业，这属于价值链的纵向虚拟企业类型，这种虚拟企业可以解决高新技术成果转化率低的问题。

（二）基于研究开发的高新技术虚拟企业

基于研究开发的 HNTVE 是指为了共同开展某种技术或某项产品的研究与开发，运用信息网络技术，将具有互补性核心能力的高新技术企业、科研院所，通过共享各自的核心资源和竞争优势，建立起一个较为紧密的、跨越时空的合作联盟型虚拟企业。根据研究开发的目标和内容，可以及时把所需的各种研究资源进行动态组合。这种虚拟企业处于整个价值链的高端，它将与新技术、新工艺、新产品开展相关的核心知识和能力进行虚拟整合，有助于合作伙伴的相互学习和创造新知识，通过协同创新，提高新技术、新产品的开发速度，加快企业产品创新，降低企业研究开发的风险和成本。

二、根据地域范围分

根据高新技术虚拟企业所选合作伙伴的地域范围来分，有全球性 HNTVE 和地区局部性 HNTVE。

(一) 全球性 HNTVE

全球性 HNTVE 是指盟主企业根据当前市场机遇的需要，在全球范围内来选择合作伙伴进行核心能力和优势资源整合而组成的高新技术虚拟企业。这类 HNTVE 一般主要从事民事经济活动的企业，对于军工产品方面的研究与开发，只能组成地区局部性虚拟企业。

(二) 地区局部性 HNTVE

地区局部性 HNTVE 是指由于国家机密或法律法规的限制，盟主企业在某个国家或地区内部选择合作伙伴而组成高新技术虚拟企业。例如有关军事方面的高新技术企业，出于军事机密的保密或相关法律法规的限制，中国的军工高新技术企业不可能选择北约组织等西方地区内的相关企业组成虚拟企业，只能在国内选择相关企业组成高新技术虚拟企业。在某些产业集群内，根据市场的需要，也可以组成地区局部性高新技术虚拟企业。一般而言，产业集群内的产品价值链比较完善，但每个价值链环节会有很多类似企业，而盟主企业可以根据自身优势及市场的需要，在产业集群内整合具有核心能力的优势企业而结成地区性高新技术虚拟企业，这种地区局部性 HNTVE 主要属于成果转化型高新技术虚拟企业。

三、根据产品价值链的环节位置分

从 HNTVE 中企业成员在产品价值链中所处环节位置来看，有纵向型 HNTVE 和横向型 HNTVE。

(一) 纵向型 HNTVE

纵向型 HNTVE 是指由同一产品价值链中的上、下游相关成员企业组成的一种虚拟组织方式。这种类型 HNTVE 主要处于科技成果的转化阶段，盟主企业处于产品的上游，主要进行产品的研究开发，而科技成果的转化由价值链中其他环节的相关企业来完成，基于成果转化的 HNTVE 就属于纵向型高新技术虚拟企业。

（二）横向型 HNTVE

横向型 HNTVE 是指与盟主企业开发和生产相同或相似产品或服务的一系列相关企业组成的一种新型组织形式。这种类型的 HNTVE 主要处于产品的研究开发阶段，各成员企业在产品的研究开发方面具有各自的核心能力和优势，基于研究开发型 HNTVE 就属于这种类型的高新技术虚拟企业。

四、根据 HNTVE 组建的内容分

根据高新技术虚拟企业组建的内容来看，可以分为基于产品的 HNTVE、基于项目的 HNTVE 和基于服务的 HNTVE。

（一）基于产品的 HNTVE

盟主企业根据市场预测，提出产品方案或对外承担产品生产任务，按照产品研究开发、制造、市场投放的任务分工，按照优中选优的外部资源利用原则，由分布在不同区域的企业协同完成，这是一种分布式企业集成和分布式作业协同工作。在产品生产过程中，实行并行管理，通过信息网络共享信息资源，在高科技全球性制造企业中，这种虚拟集成方式更显其优势。这类虚拟企业往往是由一个核心企业设计一种产品方案或对外承担一项产品任务，在对关键性资源控制的前提下，根据需要选择不同地区的企业共同完成。在高科技全球性制造企业中，这种虚拟企业集成方式更显优势。

对于基于产品的虚拟企业而言，又可从业务流程的角度采用如下虚拟形式：虚拟开发、虚拟生产、虚拟销售。针对这三种虚拟形式，高新技术虚拟企业可以采取不同的虚拟形式组合来组建虚拟企业，故按照虚拟形式的不同，可以将高新技术虚拟企业分为单一虚拟模式型和组合虚拟模式型，其中组合虚拟模式型又分双组合虚拟模式型和全组合虚拟模式型，双组合虚拟模式型又可为哑铃型虚拟模式型、前向虚拟模式型、后向虚拟模式型。具体如下：

1. 单一虚拟模式型 HNTVE

单一虚拟模式型是指只具备虚拟研发、虚拟生产和虚拟销售三种虚拟形式中一种虚拟形式的虚拟企业，即虚拟开发型 HNTVE、虚拟生产型 HNTVE 和虚拟营销型 HVTVE。虚拟开发型 HNTVE 是指当某一产品的市场机会出现时，盟主企业在生产和营销方面有自己的核心能力优势，但在研究开发方面没有资源优势，只能借助外部力量来完成。虚拟生产型 HNTVE 是指在研发、设计和销售方面具有核心竞争力，但在生产方面无任何优势，需要借助外部资源来组织生产产品，例如耐克、东软集团等。虚拟销售型 HNTVE 是指盟主企业在研发、设计和制造方面具有很强优势，但在产品销售方面缺乏经验、没有核心竞争力，需要借助外部资源进行产品销售。

2. 哑铃型虚拟模式型 HNTVE

哑铃型虚拟模式型，即研究开发和销售都虚拟化的 HNTVE，只有中间生产制造环节由盟主企业自行完成，这种类型简称哑铃型 HNTVE。

3. 前向虚拟模式型 HNTVE

前向虚拟模式型，即研发和生产都虚拟化，只有销售环节由企业自己掌控。从产品研发、生产和销售过程来看，前两个环节处于产品形成过程的前端，故称为前向虚拟模式。这种模式主要是指那些刚成立或新进入某一行业的企业,例如智能手机——小米科技就是这样的企业,在小米科技于2011年7月28日正式宣布进入智能手机市场时,实际上2010年4月6日小米公司注册,6月1日开始开发手机软件MIUI,直到正式进入智能手机市场时,MIUI积累了数量相当的"发烧友",这些发烧友都是未来小米的潜在消费者,事实证明也是这样,小米最初的一批用户,多数为MIUI粉丝,也是最核心的米粉。所以,小米科技正式进入智能手机市场前,它实际上已经建立起了自己的品牌,并构建好了自己的最佳营销渠道和方式,以至于定位于中端机的小米在2012年创下了销售350万部的战绩。盟主企业小米科技虽然成立时间短,在设计和生产方面没有任何核心竞争力,尤其生产方面,没有工人、生产设备和厂房,但在品牌建设和销售方面具有自己的优势。小米科技对研发和生产都进行了虚拟化,借助外部资源,在很短时间内于竞争相对激烈的智能手机市场占有一席之地,取得了很大的成功。

4. 后向虚拟模式型 HNTVE

后向虚拟模式型,即生产和销售都虚拟化,而企业只进行研发设计,由于生产和销售处于产品形成过程的后端,故称为后向虚拟模式。

5. 全组合虚拟模式型 HNTVE

全组合虚拟模式型,是指盟主企业在研发、设计、生产和销售都进行虚拟化,自己只进行品牌的建立。例如天津一品科技发展有限公司(简称:一品科技)就是一家典型的全过程虚拟化模式企业。"背背佳"的核心企业是一品科技,它没有自己的产品研发部门、没有厂房、没有真正属于自己的销售网络。它在研发、生产和销售方面全部进行虚拟化[①]。

[①] 叶飞,孙东川. 面向生命周期的虚拟企业风险管理研究 [J]. 科学学与科学技术管理,2004(11):131.

虚拟开发。该公司把"背背佳"的开发全部委托给天津大学应用物理系的几位教授，由他们负责一品科技公司的产品开发项目，公司只提供信息、要求等内容。

虚拟生产。为了减轻资金、管理等方面的负担，公司把"背背佳"产品的生产全部外包，交给几个生产质量符合公司要求的厂家代为生产，一品科技只提供设计图纸和控制质量，实际上一品科技在生产上只投入了4名员工，他们的工作就是掌握核心技术、控制原材料采购并实施质量监控。

虚拟销售。一品科技先在天津做出一个"样板市场"，然后，通过各地的经销商在全国建立虚拟销售网络，将经销权卖给经销商，所有的广告宣传由一品科技负责。

从以上虚拟形式的分类可知，不管采用那种模式，高新技术虚拟企业都有一个特点：盟主企业对各合作企业或机构有很强的整合能力，即对产业链资源有很强的控制力和整合力，否则很难成功。由于高新技术虚拟企业的种类比较多，本章小米科技和一品科技作为案例进行价值评估，前者属于前向虚拟型 HNTVE，后者属于全组合虚拟模式型 HNTVE。

(二) 基于项目的 HNTVE

这类高新技术虚拟企业存在于大型高新技术项目中，由于企业在设备、人力、资金、技术等各方面的资源有限，企业向外寻找合作伙伴，以网络组织的形式成为虚拟企业。虚拟企业的成员可以是一个真实的企业，也可以是另外的虚拟企业。这种任务导向的合作组织结构，充分发挥各成员的资源优势，减少基础设施的投资和各种可变成本的投入，项目完成后，企业可自行解体。目的在于共同承担高额投资风险，降低成本。1994年展出的新型宽体客机波音777就是一例。这架客机由美、英、法、加、日等国大公司的34个工作小组共同完成，整个过程完全在网络上进行，依靠网上信息的充分交流和计算机仿真技术的应用，各零部件之间拟合度十分精确，组装中没有出现一次返工，既大大提高了功效，又取得了良好的质量效果。

（三）基于服务的HNTVE

随着服务产业国际化和远程化的发展，单个传统服务企业已经无法满足大型服务系统发展的需要，随着信息技术和网络技术的迅猛发展，必然会有一种新型服务企业组织形式产生，即虚拟服务企业。例如虚拟物流企业、联合订票系统、联合导游系统、网络就诊系统，这些服务性组织，通过网络化组合，发挥远程通信设施的功能，为社会提供各种信息产品或虚拟信息服务产品。当这种虚拟服务企业应用于高新技术领域时，就会组建成基于服务的高新技术虚拟企业，例如戴尔公司。在一般人看来戴尔公司是一家与三星一样向消费者提供电脑等IT产品的公司，但实际上，戴尔可以被看成一家基于服务的高新技术虚拟企业，在某种程度上戴尔也是一家虚拟服务企业。因为戴尔没有自己的研发中心、没有生产车间，全球只有七个生产基地（总部的得克萨斯州奥斯汀、北卡罗来纳州、田纳西州、巴西、中国厦门、马来西亚滨城和爱尔兰），戴尔的生产首先来自客户，每当戴尔公司接到用户订单后，其所有相关信息立刻被分解成具体零部件生产信息，并随即通过其巨大的计算机网络传递到各地合作企业的信息库，在那里零部件通过批量生产被迅速制造出来。生产一旦完成，产品立刻通过联邦快运被传递到离用户最近的戴尔公司分部所在地，并进行组装、测试和包装，再通过第三方物流企业送到消费者手中。

第二节 基于产品的高新技术虚拟企业特征

高新技术虚拟企业不同于一般的企业，根据高新技术虚拟企业组建的目的、组建内容以及合作对象等的不同，使得高新技术虚拟企业具有以下特征。

一、动态性

高新技术虚拟企业的实质就是在全球范围内对现有的资源进行动态整合，而并非一定对新的资源进行整合，这使高新技术虚拟企业的虚拟合作和传统的合作形式（比如传统的战略联盟）产生截然不同的结果，它的虚拟合作是基于市场机遇的出现而临时整合全球范围内的相关具有核心能力的资源，一旦完成任务即可解散，这表现出一定的短暂和临时的特点，因而，高新技术虚拟企业具有动态性。

这种动态性还体现出其快速反应。传统高新技术企业具有一般企业所具有的各方面功能（包括产品开发、设计、原材料供应、生产、销售等）和官僚制组织结构，结果使得企业规模过大。面对高速变化的市场，当出现市场机遇时，传统高新技术企业反应迟缓，加上自身资源的有限，往往很难由单个企业来完成。此时，高新技术虚拟企业能够迅速根据市场需求的最新变化，迅速整合整个产业链上具有核心优势的相关成员资源并进行动态调整，以有利于新产品的开发及顾客需求的满足。

二、功能虚拟化

高新技术虚拟企业具备一般企业所具有的诸如产品研发设计、生产、销售以及财务等完整功能,但却没有设定专门执行上述功能的部门或机构。每个参与企业仅保留了自己最擅长的一部分核心功能型组织,而自己暂时不具备或不突出的能力转由依靠外部的伙伴提供。所以,高新技术虚拟企业的所谓"功能虚拟"是指其仍然具有一般企业所具有的功能,只是执行这些功能的部门是虚拟的。

三、地域虚拟化

与传统企业相比,高新技术虚拟企业的最大优势就是快速整合全球资源,发起企业根据抓住市场机遇的需要,在整个价值链中,根据目标需要将世界各地各相关企业的资源优势进行整合,高新技术虚拟企业的研究开发、生产制造、装配调试、市场营销及服务等部门可以分布于世界各地,只需借助信息网络加以控制和调配,实现地域虚拟化。

四、业务集成化

高新技术虚拟企业对实物资源和物流效率的要求不如制造业虚拟企业高,但对资金的投入、知识积累和技术开发的依赖程度高。由于知识和技术的流动性强,高新技术虚拟企业对核心能力的追求完全可以突破地域上的限制,而强调技术开发、生产和销售等业务的最优集成。

五、组织结构虚拟化、网络化

传统高新技术企业的组织结构一般采取的是金字塔式的科层制结构,管理链长,中间环节多,往往会导致企业决策迟缓,对市场反应慢,不适应瞬息万变的竞争市场。而高新技术虚拟企业虽然没有严格意义上的企业组织结构,没有专门的行政管理部门,但借助于信息网络,高新技术虚拟企业各成员企业能够实现信息共享,能够协调各项工作任务,具有网络化、扁平化组织结构的特点,而且高新技术虚拟企业可以根据市场和目标的变化进行资源整合,动态地选择组合目标来调整其组织机构,一旦市场机遇消失或目标满足时,现有的虚拟组织随机解散。因而,高新技术虚拟企业具有组织虚拟性,这样避免了联合企业体间刚性合作所来的冲突、低效率等一系列问题,提高了高新技术虚拟企业的组织敏捷性,使得高新技术虚拟企业更能适应高速变化的市场,使企业在激烈竞争的环境中掌握主动权。

六、相对稳定性

高新技术虚拟企业是依市场机会而形成的、合作成员不固定的动态组织,它不同于企业集团、企业战略联盟等组织的长期合作,具有一定的临时性、动态性,但它也作为一种组织形式,高新技术虚拟企业也会长期存在,具有连续性,因为对于某个项目而言,合作成员可能是短期的,但从合作关系来看可能是长期的,另外通过合作,相关合作企业间已经形成新产品开发的集体知识资源优势,当市场机遇出现而再次组建虚拟企业时,原来有合作经验的企业会优先考虑的,尤其对于高新技术领域而言,高新技术企业的性质和行业特征就决定了高新技术虚拟企业具有一定的相对稳定性。

通过高新技术虚拟企业以上特征分析,不难看出,与传统企业相比,高新技术虚拟企业具有很强的优势:适应性强,可以组织任何复杂环境、各种规模的生产;组织结构虚拟化,灵活多变;风险分散、效率高,能适应不断变化的市场需求;生产方式柔性、敏捷;组织间的相对稳定性使其更具竞争力。

第三节 基于产品的高新技术虚拟企业成长规律分析

在高新技术虚拟企业的构建和成长等过程中，存在着各种各样的不确定性，这种难以预料的不确定性必然会导致高新技术虚拟企业成长价值的不可预测性，静态环境下的传统企业价值方法已经不再适用于对高新技术虚拟企业的价值评估。因此，对高新技术虚拟企业价值评估的核心任务就是了解其成长特征，并在此基础上合理分析和评估高新技术虚拟企业价值，以尽可能地控制和减少各种不确定性带来的风险，扩大投资收益。

高新技术虚拟企业是指在复杂多变的新型经济环境下，高新技术企业为了实现可持续的技术创新活动以便实现形成核心自主知识产权的目标，以企业核心能力为依托，借助信息技术以虚拟组织模式将一些相互独立的相关企业或组织联系起来的、动态的网络结构性组织，这种新型组织模式是一种组织间持续改进和优化的非产权合作，各成员企业共同分担风险与利润。可见，高新技术虚拟企业是一种在快速变化的经济环境下，通过与外部具有核心能力的企业组建而成的新型企业组织形式。由于高新技术虚拟企业所处环境的复杂性、成员企业的异质性等因素的相互作用，使得高新技术虚拟企业成长过程具有动态性和复杂性的特征。

一、高新技术虚拟企业的复杂动态性

高新技术虚拟企业是一个由一系列具有核心能力的企业或机构组成

的目标明确的有机系统，这个系统包含资源整合、成果的产出、过程反馈与变化和资源约束。高新技术虚拟企业同时也是一个动态的、开放的复杂系统，其动态性体现在其过程的不断发展变化之中，其开放性主要体现在与外部环境之间有物质、信息和能量的交换。我们下面分别从其组织结构、功能、发展过程、开放性和动态性等方面对其成长规律进行分析。

（一）高新技术虚拟企业的组织结构的复杂性

虽然高新技术虚拟企业已经将一部分组织功能虚拟化，但其组织结构仍然类似一般企业，都是由具有一系列不同功能的单元组成，各单元相互联系构成一个复杂网络，每个单元都会受到系统中其他单元变化的影响同时又会引起其他单元的改变。

一般情况下，当高新技术虚拟企业的各成员企业执行目标任务时，通常由各企业中的子单元在细化目标后进行操作。由于企业文化的异质性，必然会导致各成员企业或各单元对目标任务的理解和认知存在偏差。为了消除这种偏差，只有通过制定基于技术能力分工的行为活动准则，来确定虚拟组织的任务运作规则、技术方案以及各成员企业间的协同与合作。因此，任何高新技术虚拟企业都必须包含若干相应的功能部门和团队，各功能部门与团队按需要组成行为相互制约、相互影响的基本单元，从而以一种非线性的作用机制形成相互协作的复杂网络。虚拟企业各内部结构与外部力量间相互作用以及技术、制度、管理模式之间相互影响都会导致高新技术虚拟企业系统动态的变化。

（二）高新技术虚拟企业具有多层次、多功能的复杂特性

高新技术虚拟企业是由目标任务、信息、技术、人力、知识等组成

的复杂系统,也是由一系列契约组合而成的复杂管理系统,系统各单元间以及内、外部环境间时刻进行着信息、物质和知识的交换,这些都决定了高新技术虚拟企业一定是一个多目标、多功能、多层次的复杂系统。

(三)高新技术虚拟企业是一个不断地学习和完善的复杂发展过程

高新技术虚拟企业是由价值链系统中各企业组合而成的,其组建与运作过程就是一个不断发展的过程,它通过虚拟企业内部企业间、与外部企业间的不断学习,并根据市场的变化和需要对其已有的功能结构进行优化重组与完善。高新技术虚拟企业就是为了适应快速变化的市场而生,这种变化对应着各种随机不确定性,以至于没有完全相同模式的高新技术虚拟企业,它必须通过不断的学习对其结构与职能进行完善和优化。竞争对手、消费者的知识与信息和来自科学研究的知识与信息,是高新技术虚拟企业持续学习过程的基础,也是促使高新技术虚拟企业适应环境而进行知识创新与发展的关键要素。同时,由于知识创新具有外部竞争的激励性,相互竞争的组织也会相互影响,任何一个高新技术虚拟企业都需要不断地向同类高新技术虚拟企业学习,进行管理创新。

二、高新技术虚拟企业的经济学特性

高新技术虚拟企业是一种新型的企业形态,具有与其他传统企业或一般虚拟企业完全不同的特质,这类企业的组建与运作过程有着超越传统产业的经济学特性。因此,对高新技术虚拟企业进行价值评估,就需要认识和把握这类企业的这些特质,研究分析高新技术虚拟企业的经济特性及其协同关系,对高新技术虚拟企业本质的认识深化,对我们更好地把握高新技术虚拟企业的内在规律以及寻找这类企业的价值评估方法并建立相应的价值评估模型有着积极的理论和实践意义。

任何一家高新技术虚拟企业都离不开技术创新活动。实际上，技术创新活动的本质就是将科技成果转化为现实生产力的一个过程，而科技成果转化过程就是其技术经济价值创造的过程，科技成果的技术经济价值是指该科技成果本身所具有的技术先进性、成熟性、市场性等特性所构成的经济价值。技术的先进性是指该技术在市场上是否已经存在或者与同类技术比较的是否先进。技术的成熟性是指该技术在转化过程中的可工程化程度特性。技术的市场性是指由该科技成功在转化过程中物化出来的产品的潜在市场容量特性。科技成果的技术经济价值的实现取决于科技技术本身的特性以及科技成果转化过程的如期实现。通过对高新技术虚拟企业的调研和对高新技术虚拟企业内涵的分析，我们认为高新技术虚拟企业组建与运作过程中具有以下经济学特性。

（一）科技成果产生与转化价值的关联经济性

所谓关联经济性，是指高新技术虚拟企业的经济成效，受到该项科技成果本身结构和虚拟企业组建与运作过程中涉及的各类经济要素禀赋及相关投入制约影响的经济性。就技术创新活动本身结构而言，如果技术创新活动的构成相对复杂，则该高新技术虚拟企业运作的难度就相对增大。高新技术虚拟企业具有阶段性，后一个阶段是在前一个阶段基础上展开的，前一阶段的成功程度直接影响到后一个阶段的成效。高新技术虚拟企业运作与发展的各个阶段之间是一个前后相互关联的、动态连续的系统。

（二）组建与运作过程的规模经济性

所谓规模经济性是指除了该高新技术虚拟企业创建成功所形成的规

模经济特性之外，主要是指在高新技术虚拟企业组建与运作过程中，为了保证高新技术虚拟企业的效率与效益的统一，高新技术虚拟企业的规模成长速度与效益之间综合协调的经济性。高新技术虚拟企业在成长过程中，成长动态的规模选择，对虚拟企业成功与否有着直接的影响，高新技术虚拟企业规模偏大，带来资本结构不优化，导致成本的额外增加，高新技术虚拟企业可能因此而被拖住；反之，企业规模扩张的时间滞后，导致企业成长速度减慢，市场竞争力不足，高新技术虚拟企业往往因此而处于落后境地以至于解体。

总之，高新技术虚拟企业是规模与效益的统一，在其组建与运作过程中，依据其所选用的科技成果的技术经济价值，需要适度的规模成长与效益的协调统一。

（三）科技成果产生与转化的速度经济性

所谓速度经济性是指为了获得最佳的经济价值，在已有的经济环境中，实现科技成果产生与转化过程所必需的速度要求的经济性。速度经济性实现主要体现在盟主企业对外部资源的识别能力和整合能力方面的转化与实现效率。高新技术虚拟企业包括合作伙伴选择阶段、组建阶段、运作阶段和解体阶段。对外部资源的识别能力主要是指对合作伙伴的核心能力的识别以及各种风险的识别，而整合能力主要是指在组建和运行期如何整合、优化各种资源的能力。所以，高新技术虚拟企业能否获得预期的经济性取决于科技技术开发和成果转化实现的速度，速度快的高新技术虚拟企业能够获得先导的经济性，速度慢的将会被淘汰出竞争的行列。

（四）高新技术虚拟企业的虚拟经济性

所谓虚拟经济性，是指由于应用现代信息、网络技术等对高新技术虚拟企业的组织机构和功能进行虚拟化而带来的经济效益,这种"虚拟经济性"通过加强对高新技术虚拟企业所面临的风险进行识别与管理,以提高企业决策水平的科学性和经济性。

可见,高新技术虚拟企业的关联经济性、范围经济性以及规模经济性,是高新技术虚拟企业构建与运行的必然内在规律。科技成果产生与转化的速度经济性和虚拟经济性是高新技术虚拟企业发展的必然要求。

第四节 高新技术虚拟企业发展过程的风险特性

高新技术虚拟企业的发展过程通常是新技术产业化的过程,为了更好地理解高新技术虚拟企业运作过程中的风险,本书根据其生命周期划分为识别期、组建期、运行期和解体期四个阶段(如图3-1所示)。针对这四个阶段,本书从静态和动态两个角度,来论述高新技术虚拟企业运作过程中的风险特性问题。

由于虚拟企业目标明确是一种暂时的联盟,所以其生命周期比较明显。目前的大部分文献都将虚拟企业的生命周期划分为四个阶段:识别阶段、组建阶段、运行阶段和解体阶段。识别阶段:主要是识别市场机遇,确定要实现的目标,并对机会做出评价和选择;组建阶段:识别与选择伙伴、建立组织设计运行模式和基础设施建设;运行阶段:产品设计、市场营销、财务管理、生产制造、分销协调管理以及对虚拟企业整体的运作监督等;解体阶段:这一阶段包括运行终止与资产清算等过程。每个阶段的内容不同,包含的风险也不相同。

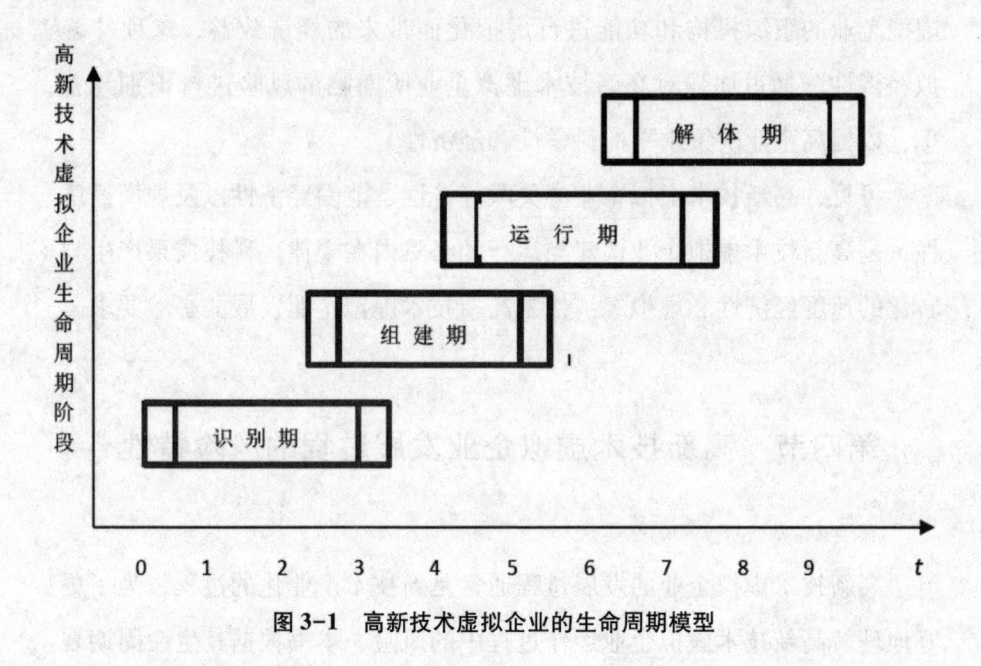

图 3-1 高新技术虚拟企业的生命周期模型

一、静态风险特性

根据生命周期理论，从静态的角度来看，高新技术虚拟企业在不同的发展阶段，存在着不同的风险。

（一）识别期风险

高新技术虚拟企业在识别阶段的风险主要包括市场机会识别风险和核心能力识别风险。市场机会识别风险是指盟主企业因对市场机会的判断错误，将没有价值的市场机会误认为有价值的市场机会而导致的风险。核心能力识别风险是指盟主企业对其核心能力过高或过低估计而引起市场机会实现模式选择错误而导致的风险[1]。

---

① 叶飞，孙东川．面向生命周期的虚拟企业风险管理研究 [J]．科学学与科学技术管理，2004（11）：130．

(二) 组建期风险

高新技术虚拟企业在识别期的风险主要包括合作伙伴选择风险、制定运行规则风险、信息化建设风险等。

合作伙伴选择风险是指因信息失真选择了错误的合作伙伴,导致虚拟企业中途解体的风险。

制定运行规则风险是指盟主企业因缺乏经验和预判性,制定出了不合实际的、可操作性差的虚拟企业运行规则,结果导致高新技术虚拟企业无法运行而中途解体的风险。

信息化建设风险。信息技术与通信技术的融合、发展是高新技术虚拟企业成功的重要基础,高新技术虚拟企业是由价值链中各个环节不同性质的企业组合而成,各企业的操作平台和接口可能不同,进行信息化建设时,如果建设的不完善,必然会导致高新技术虚拟企业的失败。

(三) 运行期风险

高新技术虚拟企业在识别期的风险主要有资源整合风险、利益分配机制风险、文化异质性风险、合作伙伴道德风险。

资源整合风险是指资源整合方案不合理导致高新技术虚拟企业运行成本高;各合作企业因资源整合不当而使高新技术虚拟企业失去了柔性从而不能快速响应市场的变化[1]。

利益分配机制风险是指盟主企业因制定利益分配机制不合理而导致的合作伙伴中途可能退出或合作积极性不高而中途提前解体的风险。

文化异质性风险。高新技术虚拟企业是在全球范围内整合资源,从

---

[1] MYERS S C. Determinants of Corporate borrowing [J]. Journal of Financial Economics, 1977 (2): 147.

地域来看，其合作伙伴来自世界各国，从资源整合的实质来看，是价值链的重新整合，是不同行业、不同性质企业的整合，合作企业的文化会存在异质性，这种文化异质性必然使高新技术虚拟企业在运作过程中产生各种摩擦与冲突，从而可能导致其运行失败。

合作伙伴道德风险。高新技术虚拟企业的成功组建建立在各合作企业相互信任的基础上，但由于个别合作企业违反社会道德规范而故意虚报信息、违规违约或者出卖其他合作企业的技术、信息等不道德行为而导致虚拟企业中途解体。

（四）解体期风险

高新技术虚拟企业在解体期的风险主要有利益分配风险和结算风险。利益分配风险是指在高新技术虚拟企业进行绩效评价后，没有按照利益分配方案执行而产生的法律纠纷导致企业社会形象和声誉受损。结算风险是指高新技术虚拟企业在终止阶段进行资产清算和技术共享不公而导致的风险。

高新技术虚拟企业在生命周期各阶段存在的风险都属于企业内部风险，可以归类于技术风险和合作风险，当然，高新技术虚拟企业还会面临各种外部风险，例如政治风险、市场风险等。为了便于后面分析，我们将以上所有风险归类为市场风险、技术风险和合作风险。其中市场风险包括市场竞争程度、市场需要的变动、上下游环境变化和技术的进步等；技术风险包括核心能力识别、技术的成熟性、技术的复杂性、技术的相关性和信息化建设等；合作风险包括资源整合风险、合作伙伴间文化异质性风险、合作伙伴道德风险和各种相关规则制定不公风险等。

二、动态风险特性

在高新技术虚拟企业生命周期中存在的风险,从动态的角度看,存在以下三方面风险特性,即风险的多元动态性、风险过程的开放组合性和投资收益的期权性。

(一) 风险的多元动态性

多元动态性是指将高新技术虚拟企业整个生命周期中所面临的各种风险视为一个复杂系统,高新技术虚拟企业在生命周期的每阶段中所包含的风险是不同的,在识别期主要是各种核心能力的识别,属于技术风险;进入组建其就面临合作伙伴选择风险、制定运行规则风险、信息化建设风险等合作风险和技术风险;在运行期就包含了市场、技术和合作三大类所有风险类型。也就是说,在高新技术虚拟企业的不同阶段,具体起主导作用的风险类别和性质是不同的。这种系统风险多元的动态性是构成高新技术虚拟企业高风险特性。

(二) 风险的开放组合性

开放组合性是指将高新技术虚拟企业生命周期本身看成一个科技成果产生与转化的经济系统,科技成果产生与转化经济价值的实现必须是在完成科技成果产生与转化的经济系统过程之后。而高新技术虚拟企业包含的各种风险,不仅仅是它们之间多元的动态性,更重要的是它们有机地组合于高新技术虚拟企业整个生命周期之中,如核心能力识别的风险直接影响和关联着运作期中研究开发风险、生产风险和市场。随着不断地深化、发展,这个经济系统会在开放状态下将那些多元风险一一动态组合进来,形成一个开放的多元风险组合。这种多元风险组合性也是构成高新技术虚拟企业高风险的风险特性之一。

(三) 未来机会的期权性

我们将科技成果产生与转化之经济价值的实现看成一个系统,不论是持有科技成果的盟主企业,还是分享科技成果的合作企业,他们要想获得科技成果产生与转化之经济价值,这要取决于科技成果产生与转化过程的完成,高新技术虚拟企业生命周期的长短决定了实现科技成果产生与转化经济价值周期的长短。在整个周期内,任何一种风险如果没有规避和控制好,或者是风险多元的动态性和开放组合性没有管理好,科技成果产生与转化的经济价值就无法实现。各种风险的规避与控制程度导致高新技术虚拟企业投资收益的期权性,即未来机会的期权性,也是高新技术虚拟企业高风险特性的重要组成。

第五节 基于产品的高新技术虚拟企业价值分析

基于产品的高新技术虚拟企业是指盟主企业根据已经出现的市场机会,按照优中选优的外部资源利用原则,将产品的研究开发、生产制造、营销进行任务分工,由分布在不同区域的相关企业协作完成的一种新型企业组织。这类虚拟企业往往是由一个核心企业设计一种产品方案或对外承担一项产品任务,在对关键性资源控制的前提下,根据需要选择不同地区的企业共同完成。从价值链的角度来看,基于产品的高新技术虚拟企业又可采用如下虚拟形式:虚拟研发、虚拟生产、虚拟销售等,不同的虚拟模式带给高新技术虚拟企业的价值是不同的。从高新技术虚拟企业生命周期视角来看其价值形成也不相同,下面分别从价值链

<<< 第三章　高新技术虚拟企业价值构成与评估特性研究

和生命周期视角来分析高新技术虚拟企业的价值组成。

一、虚拟研发对高新技术虚拟企业价值的影响

虚拟研发是指高新技术虚拟企业针对某一特定产品时，由于企业缺乏相关产品的研发能力，而通过诸如购买、联合、外包等各种方式借用合作企业等外部技术力量进行产品开发，以弥补或增加自身技术开发的能力，进而获得核心竞争优势的一种借势策略[1]。

虚拟研发主要有以下几种形式：

（一）技术引进再开发

技术引进是指企业通过一定方式从本国其他地区或国外获得先进技术的行为。由于市场的快速变化，当某一产品机会出现时，如果完全凭借企业自身的技术力量进行研发，可能会错失最佳时机，此时引进相关技术并在此基础上进行消化、吸收和再开发创新极有可能获得成功。当然，与企业自行进行技术开发相比，技术引进的风险要小得多，这种虚拟开发不仅提升了高新技术虚拟企业的技术创新能力和核心竞争力，而且提高了企业适应快速变化的市场能力，增加了企业的未来价值。

（二）技术购买

技术购买，即企业利用技术市场购买自身所需的技术商品。当市场机会出现时，如果企业想完全拥有知识产权，整合企业自身资源搞研究开发，必然会投入大量人力物力，但结果很可能是要么毫无成果，要么自己开发出来的技术跟不上先进技术更新的步伐。此时，企业的最佳选

---

[1] COX J. C, ROSS S. A., RUBINSTEIN M. Options Pricing: A Simplified Approach [J]. Journal of Financial Economics, 1979 (7): 233.

择应是根据其技术进步的需要以及企业研发能力和消化吸收能力从技术市场进行技术购买，以便降低企业经营成本，提升企业核心竞争力和企业价值。

（三）产学研合作研发

产学研合作研发是指最接近和最了解消费者需求的生产企业与最具人才优势和研发能力的高等院校及科研院所就市场出现的机会进行技术开发与合作创新，通过这种联合技术攻关，可以充分发挥自主创新主体、市场竞争主体——企业的积极性和能动性，可以充分利用高等院校等的人才优势及一流的实验设备。这样可以充分利用各自的核心资源，提高技术创新成功率，加快技术创新速度，降低技术创新成本，提升高新技术虚拟企业的未来价值。

（四）互联网方式研发

互联网方式研发是指盟主企业就新的市场机会充分利用互联网，在全球范围内组织世界各地的研发人才进行技术创新的一种虚拟研发模式。小米手机的产生与成功完全归功于互联网方式的虚拟合作研发，能够快速反映市场变化。2010年4月6日，小米科技刚成立时，整个公司（创始团队）才4个人，但不到两个月，小米科技就启动了第一个真正战略意义上的项目：MIUI操作系统，和传统研发不同，MIUI的开发和发布走互联网路线，利用互联网方式与第三方民间团队进行合作研发。2010年8月16日，MIUI在开发两个月之后迅速发布，截至2011年7月底，MIUI拥有大约50万论坛粉丝，其中活跃用户超过30万，总共有24个国家的粉丝自发地把MIUI升级为当地语言版本，自主刷机量达到100万。2011年8月16日，小米科技正式对外发布第一代小米手机，其中夏普提供手机屏幕,高通提供处理器,富士康提供开模具服务,英华达提供代工生产,这是一个典型的高新技术虚拟企业。一年后,小米科技推出第二代手机产品MI2,并且在这一年时间内小米手机第一代产品卖出了382万部,创造了世界奇迹。如果小米科技关起门来追求高精尖,完全由企业自身来进行研究开发,最少需要一两年才能完成,并且自以为将产品做到最好了,可是发布之后用户未必喜欢,而且两年里市场可能发生很多变化,要改也来不及,就这么错过了市场机会。小米科技通过互联网方式进行虚拟研发和推广产品,利用电子商务方式直销产品,很好地抓住了智能手机这次市场机遇,提升了企业竞争力和公司价值。

二、虚拟生产对高新技术虚拟企业价值的影响

虚拟生产是指盟主企业为了抓住市场机遇、快速响应市场需求,充分利用互联网等信息技术,通过管理扁平化模式与其他在制造上具有核心竞争力的企业开展制造生产合作的模式。虚拟生产的主要特征包括:

(一)高度个性化

在整个生产过程中,产品、价格、信息和服务等都是消费者高度个性化的综合,产品的种类、数量、价格都可以满足顾客的不同需求。

(二)动态设计

任何产品都无法满足所有消费者的任意需求,而虚拟生产通过信息技术及时收集消费者、供应商以及生产者各方面的意见,在虚拟网络中进行动态的个性化设计以满足消费者需求。

(三) 快速反应

由于信息技术的高速发展，企业对顾客的任意需求可以做出快速反应，能及时地生产出顾客所要求的特定需求产品。

可见，虚拟生产的实质就是盟主企业通过整合外部资源，利用外部企业的核心能力和优势来弥补自身的不足和劣势，降低生产成本，转嫁企业经营风险，以实现高效率低成本的服务，同时将自己的核心竞争力集中于自己的核心业务，提高了企业的竞争力；对于合作企业而言，不仅充分利用了企业的核心资源，而且通过合作和知识的转移与创造，获得了新信息和新知识，提升了企业的核心竞争力，降低了企业的经营风险。由于虚拟生产是在全球范围内进行资源整合，盟主企业在选择合作企业时有很大的灵活性，一旦某个企业或某些企业无法满足该产品的需求时，通过其他替代企业可随时进行重新组合，高新技术虚拟企业的这种快速反应提高了企业的价值柔性，提升了企业对市场的快速反应能力。针对市场的未来变化，增加了高新技术虚拟企业的柔性价值。

三、虚拟销售对高新技术虚拟企业价值的影响

虚拟销售是盟主企业为了克服自身在营销方面的劣势而进行的一种现代销售模式，其实质是将企业有限的资源集中在开发设计、生产制造等具有核心竞争力的功能上，而将处于劣势的销售功能虚拟化，外包给其他在产品销售方面具有核心竞争力的合作企业或经销商。高新技术虚拟企业可以充分利用电子商务、互联网等信息技术手段在供应链成员之间有效地分配资源，扩大虚拟销售市场，满足消费者的个性化需求。同时也大大降低了高新技术虚拟企业的交易成本，降低了企业的经营风险，提升了企业价值。

四、基于生命周期的高新技术虚拟企业价值分析

按照我们前面对高新技术虚拟企业的描述特征,可知,高新技术虚拟企业的成长过程包括识别期、组建期、运作期和解体期,在不同的阶段和同一阶段内部的不同时间,高新技术虚拟企业的价值都在不断地运动变化,这种运动和变化包括了两方面的内容。一方面,高新技术虚拟企业和其他类型企业一样,在任何时候都有其产品或服务的生产经营和销售过程,而这个过程中,就会产生现金的流入流出,形成成本支出和销售收入最终的叠加,必然形成企业的净利润,这就是高新技术虚拟企业相似于其他企业的有形资产价值的动态变动。另一方面,高新技术虚拟企业价值的变动除了企业经营活动产生的现金流导致的企业有形实物资产的增减变动,还包括企业技术专利、人才积累、团队能力等各方面综合价值的提升。高新技术虚拟企业是基于一定的技术成果创造与转化而形成的,而技术系统本身就是一个复杂的动态系统,技术是不断发展着的,它所处的每一个状态都受着多方面、多层次的因素制约,而这些因素又随着时间、空间的变化而变化,因此整个系统也处于一个不断变化的状态中。从技术成果研发完成,到投资建厂生产,到进一步扩大规模,技术成果从实验室走到生产车间,形成生产力,而后不断更新或最终被淘汰,除了它作为一种生产要素的投入而直接导致的已经形成的企业高额利润以外,技术成果本身的成熟性和应用性也会带来其成果价值(预期其能够带来超额利润的价值)的增长。此外,与技术成果相关联的技术人才的积累,团队磨合之后的协作能力的提高等,也会给企业带来超额利润的预期,从而提升企业的整体价值。

因此,高新技术虚拟企业不同于传统企业,其价值是基于能否抓住新出现的市场机会,而信息技术的发展以及虚拟组织等新型模式的出现

为企业提供了抓住这种机会的客观条件，而这种机会所创造的价值就是高新技术虚拟企业的价值所在。当然，随着技术的变革和市场需求快速变化，高新技术虚拟企业的价值也会随之而改变，而传统的企业价值评估方法无法正确评估这种变化的企业价值，此时，需要寻找新的评价方法来进行评估。

所以，对高新技术虚拟企业价值进行评估时，不仅要考虑其有形价值增长，还应考虑高新技术虚拟企业无形价值，即未来投资机会的价值。这也是高新技术虚拟企业不同于一般企业的价值动态变动特征。

五、高新技术虚拟企业期权价值

（一）高新技术虚拟企业的实物期权特征

1. 高投入、高风险和高收益

在我国，高新技术企业是严格按照相关要求和条件进行认定的。从其定义来看，高新技术企业必须持续进行研究开发与技术成果转化，所以，高新技术虚拟企业都是建立在全新的研究开发和新技术新成果应用的基础上，其提供的产品或服务，具有很强的不确定性。这种不确定性主要来自下述方面：高新技术虚拟企业技术开发或创新能否成功，能否转化为生产工艺和新产品并进行商业化的风险。但是，在高风险、高投入的同时，企业也具有高回报的特点，这主要是由于高新技术虚拟企业拥有的技术通常具有独创性和垄断性，一旦技术成熟并得到市场的认可，就可以带来高额利润回报。

2. 多阶段性与估值动态性

高新技术虚拟企业进行技术创新活动一般要经过研发、生产、营销与商业化等阶段。根据企业生命周期理论可以将高新技术虚拟企业划分为识别期、组建期、运行期和解体期四个阶段，每个阶段都具有不同的风险和特征。所以，在对高新技术虚拟企业进行价值评估时，应该根据风险的变化，不断地调整高新技术虚拟企业未来现金流的预期，对高新技术虚拟企业的价值进行动态评估。

3. 投资的期权特性

对高新技术虚拟企业来说，其每一个阶段（如识别期、组建期、运作期、解体期等）以及每一项活动（如新产品研发、生产制造、新市场的开拓等），都需要进行资金投入。当然，这种投入不是一次性的，而是分阶段进行的，因而在其整合生命周期中需要多次决策。高新技术虚拟企业的决策者应该根据市场需求、竞争状况等内外部环境的变化，灵活选择投资时机和策略。比如，市场情况不好时可以延迟投资，甚至暂停投资，当市场情况好时，可以扩大投资规模等。每一阶段的投资相当于购买了下一阶段的一份看涨实物期权。所以，高新技术虚拟企业的价值不仅包括对项目初始投资所产生的现金流，而且还包含投资所产生的未来增长机会。

高新技术虚拟企业的价值实际上也包含了其所拥有的各种投资选择权的价值。故对高新技术虚拟企业进行价值评估时，应充分考虑投资的期权价值。

另外，高新技术虚拟企业价值包含所有合作企业的价值还是只包含盟主企业的价值，或者是其他情况，有待研究。高新技术虚拟企业的组建是因为市场机会的出现，盟主企业为了抓住市场机遇，与其他具有核心竞争力的高新技术企业进行合作组建而成的，从这个意义上来说，高新技术虚拟企业的组建就是为了某个投资项目（市场机会）而由各个合作企业拿出各自的核心资源进行共同投资活动，故高新技术虚拟企业的价值是指包括所有合作企业所拿出来的那部分资源（包括有形的和无形的资源）的现实价值和未来投资机会价值之和。需要注意的是，高新技术虚拟企业价值并没有包括所有合作企业的全部资产的现实价值和未来投资机会的价值，也就是说那些属于合作企业资产但没有参与组建高新技术虚拟企业的资产的价值就不应该划归于高新技术虚拟企业价值之内。所以，高新技术虚拟企业价值的评估是指对各合作企业组建高新技术虚拟企业所需资产的现实价值和未来投资机会价值之和的评估。

（二）实物期权理论应用于高新技术虚拟企业价值评估的优势

1. 实物期权理论赋予管理者决策弹性

在不确定的外部环境中，实物期权方法让管理者可以根据市场的变化采取灵活的应变措施。例如，运用推迟投资期权，可以延迟对企业的投资，并通过收集信息加深对市场及企业本身的认识，从而减少不确定性；又如，运用扩张或收缩投资期权，伴随企业发展中相关信息的不断积累，可以对最初的投资方案做适当的调整，以更好地适应变化了的市场；再如，运用放弃期权，在非常不利的情况出现时，可以做出停止投资的决定，以避免更大的损失。总之，实物期权方法保障了在投资活动实施过程中的决策具有弹性，对控制风险和实现投资价值有非常直接的积极影响。

2. 实物期权理论体现了投资的阶段性

对高新技术虚拟企业进行投资决策，实际上就是一个分阶段投资决策的过程。而实物期权理论体现了各阶段的投资活动间的密切联系，同时，实物期权理论要求管理者应随着高新技术虚拟企业本身的进展和外部环境的变化，灵活选择投资时机和策略。

高新技术虚拟企业的发展特性及规律已经决定了其所面临的各种不确定性。在这种复杂环境和不确定性条件下，对高新技术虚拟企业进行价值评估，不能简单地应用传统的价值评估方法，应该充分考虑到高新技术虚拟企业的发展阶段性而进行价值评估。因此，本书选择实物期权理论来构建高新技术虚业价值评估模型，是比较符合客观实际的。

第六节 实物期权在我国的应用现状调查[①]

一、实物期权理论在国外的应用现状

在发达国家中实物期权理论目前的应用领域主要包括初创企业价值评估、风险投资、矿产资源开发、医药企业价值评估、与金融期权相结合的项目、许可证、专利技术评估、房地产开发评估以及互联网技术与价值评估等。实物期权理论应用最为成功的当属美国。格雷厄姆（Graham）和哈维（Harvey）于2001年的调查显示在392个被调查的公司中有27%在其项目评估时应用了实物期权理论[②]。接近三分之一的公司应用实物期权方法进行资产定价，这是很了不起的成绩。其中不乏应用成功的实例，例如，阿目金（Amgen）公司使用实物期权方法进行评估而购买1亿美元抗癌制剂阿巴瑞克（Abarelix）就是一个成功案例[③]。该公司在谈判阶段应用实物期权理论最终获得了比标准并购更高的期权收益。从1970年至今，在生物技术方面美国的实力远超过整个欧洲，就是因为美国的生物公司应用了实物期权理论进行决策。根据拉沃伊

[①] 刘照德，张卫国. 实物期权理论在我国的应用现状和存在的几个认识误区 [J]. 科学学与科学技术管理，2009（1）：98-102.

[②] 王健康，肖德荣，黄权国. 实物期权研究述评 [J]. 金融理论与实践，2005（9）：74.

[③] STUART S. Doing a Deal? Check out ROV [J]. Mergers Acquisitions Report, 1999 (17): 1-3.

(Lavoie)和谢尔登(Sheldon)的统计,1996年美国投资于生物技术的R&D资本有79亿美元,收入146亿美元,而同期的整个欧洲投资于生物技术的研发费用仅12亿美元,收入14亿美元,他们认为这种差异的产生主要是因为美国的生物公司运用实物期权思想进行像R&D这种战略投资决策[1]。当欧洲其他发达国家(包括日本)在认识到这种差距后,也加强了实物期权理论的研究和应用推广力度。

当然,在应用实物期权定价方法进行投资决策时,发达国家同样会产生一些问题。调查数据表明,公司经理有主观地评估期权值的倾向,并存在高估实物期权值和滥用实物期权方法的趋势。豪厄尔(Howell)和贾格尔(Jagle)于1997年对英国的采矿类公司进行了分析,以B-S模型的理论值计算为基准,在被调查的经理中有85%的经理仅凭借他们的专家经验高估增长期权,而没有使用正式的期权评估程序与工具[2]。1997年,布斯比和皮茨(Busby,Pitts)对富时100指数(FTSE100)中所有公司的财务主管进行的调查问卷显示,大约有50%的主管承认期权在他们的考虑范围之内,但仅仅是简化为或追加投资或放弃投资,35%的被调查对象认为期权在高度甚至极端重要地影响着决策,但超过75%的被调查对象并没有真正运用实物期权方法和程序进行投资决策[3]。

可见,实物期权理论在发达国家已经逐渐深入人们心中,引起了人们的极大兴趣,更重要的是在实业界开始应用实物期权定价方法或思想

---

[1] LAVOIE B, SHELDON I. The Comparative Advantage of Real Options: An Explanation for the U. S. Specialization in Biotechnology [J]. A&B Forum, 2000 (1): 48.

[2] HOWELL S, JAGLE A. Laboratory Evidence on How Managers Intuitively Value Real Growth Options [J]. Journal of Business Finance & Accounting, 1997 (7): 918.

[3] BUSBY J, PITTS C. Real Options in Practice: An Exploratory Survey of How Decision Makers in Industry Think about Flexibility [J]. Management Accounting Research, 1997 (8): 172-173.

进行投资决策并获得很好的经济效益。但在发达国家的实际应用中也存在滥用实物期权理论的趋势，因实物期权的应用是有一定条件的，如果不加分析和辨别，一味地应用实物期权，会出现高估项目期权值的可能。同时，这也说明管理者越来越离不开实物期权这一评判工具。

二、实物期权理论在我国的应用现状调查

我国对实物期权的研究比较晚，研究较早的是陈小悦、杨潜林（1998），他们只是对实物期权理论体系做了归纳[①]，以后相继有一些学者从各个角度研究实物期权，以至于成为投资决策领域的研究热点。在中国期刊全文数据库中以1994—2022年为时间跨度，输入关键词"实物期权"共检索论文5065篇，输入关键词"现实期权"[②]，共检索论文27篇，其研究热度可见一斑。从现有的研究成果来看，研究领域几乎涵盖了所有的行业，似乎实物期权方法无所不能。我国的学者虽取得了一定的成绩，却很少有突破性的研究结果，且大都回避了实物期权的应用条件缺陷，只强调实物期权应用可能带来的好处。在理论上对实物期权理论的研究如火如荼，那么实物期权在实业界的现实应用怎么样呢？2007年，我们就实物期权在我国的应用现状进行了问卷调查[③]。

从调查结果来看，当问到"进行项目评估时首先会考虑到使用何种评价方法"时，35.6%想到用DCF；30.8%想到用NPV；19.2%使用决策树方法；14.4%使用其他方法。可见，当前我国最主流的评价方法仍然是DCF或NPV，而在发达国家，实物期权方法逐渐成为主流分析

[①] 陈小悦，杨潜林.实物期权的分析与估值[J].系统工程理论方法应用，1998（3）：6.
[②] 对"real option"一词的翻译，2004年前国内有两种译法，即"实物期权"和"现实期权"，后来统一采用前者。
[③] 问卷调查表见附录。

方法。当问到"是否知道投资决策中有实物期权这种新工具"时，有68.7%的被访者认为"不知道"。当问到"进行项目评估时是否使用过实物期权方法"时，仅有2人使用过，约占2.3%，而美国这一比例高达27%。后来对这两位被访问者进行过追查，问他们是如何运用实物期权进行项目评价的。他们的回答有点出乎意料，实际上他们并没有真正运用实物期权方法和程序进行过项目评估，只是感觉项目存在期权价值，于是就进行了毛估，即在NPV的基础上增加了约10%的期权值。可见他们在应用实物期权时有很大的随意性。对于了解实物期权的被访者，当问到"为什么不使用实物期权这种新工具"时，有48%的被访者认为"新方法太难"；32%的被访者认为"不知道怎么使用"；20%的被访者认为"旧方法足够了"。当问到"如何处理具有不确定性项目的评估问题"（此为开放式问题）时，有68.3%仍使用传统方法；有22.6%凭直觉进行估计；3%认为要考虑期权价值；6.1%认为可以不考虑。

从我们的调查结果来看，与发达国家的差距是相当大的，实物期权在我国的应用还有很长的路要走。这种差距应引起我们的管理者足够的重视。从实物期权理论的提出到现在已有40年的发展历史，在理论研究方面与国外进行比较，仍然存在一定的差距，但不至于像实业界这样存在如此大的差距。那么到底是什么原因导致我国的现实应用远落后于发达国家呢？我们认为主要原因是认识上存在某些误区，以至于人们无法接受和怀疑实物期权方法。

三、在我国关于实物期权理论的几个认识误区

在理论上，虽然研究的人们越来越多，但很少有突破性进展，顶多是在模型的应用上进行拓展。从现有文献来看，几乎所有的领域都可以

使用，只要该投资决策具有未来的不确定性就行，但他们没有考虑模型的适用条件是什么、用什么样的模型最合适等问题；实物期权理论在我国实业界的应用几乎是空白的，与发达国家的差距越来越大，这些可能与模型的数学形式过于繁杂有关，但我们认为主要是我国的研究者和管理者存在以下几个认识误区：

误区一：简单地套用金融期权的定价模型。

实物期权分析的目的实际是尽可能地保证管理者在投资决策时选择最优的行为，而无须像金融期权那样在市场上进行交易。因而，实物期权本身并不一定需要非常"精确"的期权价格，从而并不追求实物期权定价模型在数学上的完美性。更重要的是，应关注模型的适用情景、限制条件，仔细分析所投资项目的特性，选择尽可能符合条件的模型，而不是一味简单套用金融期权的定价模型，否则会导致巨大的评估误差，使模型风险有可能成为实物期权价值评估中产生偏差的最大潜在因素。正如 Merton（1998）所认为的："金融期权模型在数学形式上可以精确，但模型应用到复杂的现实世界时本身并不精确，模型的应用是实验性的，需要仔细评价应用时面临的每一个限制条件。"[1]

误区二：只有存在金融期权市场时，实物期权理论才有效。

实物期权和金融期权尽管存在种种差异，但它们有共同的假设和基础，即无套利均衡原理、风险中性定理和市场完全性与有效性假设。期权定价理论的成功之处在于应用市场均衡原理避免了考虑投资者风险偏好问题，因而定价金融期权时完全可以借助金融市场应用复制组合对冲不确定。所以，有人认为当金融期权理论应用到公司决策等现实生活转化为实物期权时，其定价模型仍须建立在以上假设和基础上，故实物期

---

[1] MERTON, R. Applications of Option-Pricing Theory: Twenty-Five Years Later [J]. The American Economic Review, 1998, 88 (3): 323-349.

权的应用求解同样需借助金融期权市场的成立。只有那样才可以找到合适的作为标的资产的完全对冲资产，标的资产的波动率在理论上才可以估算。而我国的金融市场正处在不断发展和完善之中，还很不成熟，更谈不上金融期权市场的建立。所以，有人认为实物期权在我国不能应用，只有建立金融期权市场时，实物期权才有效。

实际上，实物期权并不是替代传统分析方法的全新框架，它仍然以传统分析方法为基础，利用期权理论的基本思想考虑投资项目的期权值，是对传统分析技术的一种修正，与其优势互补。正如前面的分析，对实物期权的定价无须计算"精确"，更重要的是运用实物期权思想进行投资决策，更多地关注实物期权分析与公司组织管理之间的结合。所以，应用实物期权时并不一定需要存在金融期权市场。

误区三：实物期权评价方法就是 B-S 方法。

实物期权的理论来源于金融期权理论与金融衍生工具的发展，实物期权方法试图在一个竞争的现实时空环境中量化不确定性带来的价值[1]。而现实环境中，投资项目的多样性必须要求不同特性或类别的项目需要不同的实物期权评价方法。从时间的角度来看，实物期权方法主要有两大类：离散时间型和连续时间型。离散时间型包括二叉树和三叉树期权定价模型。连续时间型包括闭合式方程法（close-form equation）、随机微分方程法和蒙特卡洛模拟法[2]。闭合式方程主要有四种形式，分别是 B-S、马格拉贝（Margrabe）、盖斯克（Geske）和卡尔（Carr）。其中最常用的是 B-S 方法，它主要用于评估延期期权、成长

---

[1] MYERS S C. Determinants of Corporate Borrowing [J]. Journal of Financial Economics, 1977 (2): 147-175.

[2] MILLER L T, PARK C S. Decision Making under Uncertainty—Real Option to the Rescued [J]. The Engineering Economist, 2002, 47 (2): 105-150.

期权和放弃期权；马格拉贝方程是在假定执行价格为随机变量的情况下评估互换资产期权；盖斯克模型主要考虑固定执行价格下计算连续投资决策的复合期权；卡尔方程是用随机执行价格来设计复合期权方程。随机微分方程是用来推导闭合式方程的解；蒙特卡洛模拟法可以罗列出从当前到期权到期日为止的时间段内标的资产可能的成千上万种变化路径，并且可以确定每种路径终点的最优策略及其收益，其主要优点是稍做变形后可以与其他方法融合起来拓展实物期权的应用领域，不足之处是不能很好地适用于美式期权、嵌套型期权和复合期权值的求解。随着期权理论研究的不断深入，提出了更多的评价方法。例如与博弈论、模糊数学的结合，有期权博弈定价模型和模糊期权定价模型。

可见实物期权的方法非常丰富，根据不同项目的不同特性可以考虑选用合适的定价方法。由于B-S方法是评价方法的主流，更可能是B-S方法在金融期权中的统治地位和享誉度，很多人误认为实物期权评价就是只利用B-S方法来进行分析。

误区四：更大的波动性意味着更大的损失。

在金融期权中股票价格的波动性越大，期权价值越高。因为期权投资者的成本和收益是不对称的，即期权所有者付出的成本是固定的（购买期权的成本），而获得的收益则有多种可能，既可能是零，也可能很大。也就是说，金融期权投资者通过期权锁定了不确定的下界风险。对于实物期权来说，同样具有该特性，这也是实物期权被广泛应用的原因之一。但实业界仍有很多人对此产生误解。认为更大的波动性意味着更大的损失，其投资理念还没有完全跳出传统分析方法的旧框架。加上受到各种条件和法律法规的制约，实物资产不像金融资产那样具有很高的流动性和可逆性，更使实物期权的这种特性难以被人们所接受，从而导致管理者们认为金融期权具有的特性，在实物期权中并一定成

111

立，误认为更大的波动性意味着更大的损失，郑德渊、李湛[①]将R&D项目投资分成初始R&D投资、中试投资和商业化投资三个阶段，并假定初始阶段和中试阶段期望现金流收益率波动率不同，经作者进行敏感性分析后，得出"随着初始波动率和中试波动率的增加，R&D项目价值增加"。

误区五：只适合于评价具有经营灵活性或战略成长性的项目投资

实物期权方法的提出是基于传统分析方法没能很好地考虑投资项目的不确定性，尤其对于具有经营灵活性或战略成长性的项目，以至于传统方法普遍受到人们的质疑，而实物期权是解决此类问题的一种很好的分析工具。所以，在目前的研究和应用中，实物期权最常见于评价具有经营灵活性或战略成长性的投资项目，以至于有人认为实物期权方法只适合于评价具有经营灵活性或战略成长性的项目。实际上，实物期权的应用范围非常广泛，几乎可以应用于所有的行业。正如马莎·阿姆拉姆、纳林·库拉蒂拉卡（2001）认为的"应该在企业范围内全面推广实物期权的思想，实物期权不只是一种工具，更确切地说，它是一种思维方式"[②]，是建立在传统分析方法基础上的一种新的思考方法。所以，实物期权不只适用于评价具有经营灵活性或战略成长性的项目，更是适合于评价所有具有不确定性的投资项目或经济活动。

由于对实物期权而言在现实经济中很难满足其基本假设，针对这个问题的不同认识必然会导致国内外实物期权应用现状的巨大差距。实物期权在我国的应用几乎是空白，其原因是对实物期权的认识存在几个认

[①] 郑德渊，李湛. 基于不对称性风险的复合期权定价模型 [J]. 系统工程理论与实践，2003（2）：15.

[②] [美] 马莎·阿姆拉姆，纳林·库拉蒂拉卡. 实物期权——不确定性环境下的战略投资管理 [M]. 张维，等译. 北京：机械工业出版社，2001：37.

识误区。所以，只有校正人们对实物期权的错误认识，实物期权才能被人们接受和重视，才能广泛地应用于经营管理与投资决策中，才能增强我国企业的综合竞争力。

第四章 高新技术虚拟企业价值评估框架设计

上一章,我们对高新技术虚拟企业的价值构成和评估特性进行了分析,这为本章高新技术虚拟企业价值评估打下了理论基础。按照高新技术虚拟企业组建的内容可以分为基于产品的高新技术虚拟企业、基于项目的高新技术虚拟企业和基于服务的高新技术虚拟企业,由于基于项目和基于服务的高新技术虚拟企业相对比较少,本书以基于产品的高新技术虚拟企业价值作为研究对象。

而对于基于产品的高新技术虚拟企业价值评估,因其所处价值链阶段不同,又可细分为不同类型的高新技术虚拟企业,并且它们间具有不同的期权特性,为了规范高新技术虚拟企业的价值评估过程,本书需要建立评估高新技术虚拟企业价值的一般框架。为此,本章的内容安排如下:首先,提出与高新技术虚拟企业价值评估相关的几个基本假设;其次,对高新技术虚拟企业的阶段特征和各种虚拟模式下的高新技术虚拟企业的期权特性进行详细分析,认为不同虚拟模式的高新技术虚拟企业具有不同的期权特性,应该选用不同的价值评估方法来构建评估模型;再次,应用实物期权理论进行高新技术虚拟企业价值评估时,资产价格的波动率很难确定,我们提出可以利用高新技术虚拟企业总体风险系数来代替波动率，为此，本章先对高新技术虚拟企业总体风险系数进行求解，为后续进行高新技术虚拟企业价值评估提供准备；最后，建立了高新技术虚拟企业价值评估的一般框架，后面两章高新技术虚拟企业价值评估模型的构建与评估都是在这个评估框架下进行的。

第一节 几个基本假设

对高新技术虚拟企业价值评估是一个非常复杂的过程，而高新技术虚拟企业由于其自身的特殊性，使得评估过程变得困难且复杂。本书的研究希望能在对传统价值评估方法突破的基础上，尽量体现出高新技术虚拟企业独有的特征，但为了突出方法研究的重心，同时使模型更为简化和可行，便于分析和研究，本书的模型构建基于如下基本假设。

一、研究对象的阶段划分假设

从企业生命周期理论观点来看，企业既是一个社会经济组织，同时也是一个生命有机体，也像生物有机体一样，有从生到死、由盛转衰的过程。最早提出企业生命周期概念的是马森·海尔瑞（Mason Haired），其1959年提出用生物学中的"生命周期"（Life Cycle）观点来看待企业，认为企业的发展也符合生物系中成长曲线，并指出在企业的发展过程中会出现停滞和消亡等现象。美国著名管理学家伊查克·爱迪思（Ichak Adizes）从管理学的角度，认为企业与自然界的动植物一样，不仅具有相似的"生命周期"现象，而且呈现出的性质也极为相同，因为它们都会经历从出生、成长到老化直至死亡的生命历程。高新技术虚拟企业类似于科技型企业，其生命周期在时间序列上遵循"S"形成长曲线，表现为识别期—组建期—运行期—解体期。

本书的研究对象是基于高新技术企业而组建的高新技术虚拟企业，并从产品价值链视角来分析和定义高新技术虚拟企业，同样这类企业也有类似的企业生命周期现象：想法—R&D研究—中试—生产—营销—商业化，即它们的发展和成功都要经历从创意、想法到产品研究和技术开发到技术转化或产品生产制造，再到营销并商业化。为了研究的方便，我们将上述过程进行简化，划分R&D研究、生产和营销三个阶段。

二、多阶段序列投资假设

考虑到高新技术虚拟企业自身成长的阶段性特征及其不同阶段对资金需求的不同性质和规模，结合高新技术虚拟企业分步投资的现实状况和实际经验，本书假设盟主企业对高新技术虚拟企业的投资与高新技术虚拟企业各个阶段的发展状况相对应，即高新技术虚拟企业成长过程的临界点（比如虚拟研发、虚拟生产和虚拟营销三个临界点）就是投资者的决策选择点，并据此来构建决策树和价值评估模型。

三、市场有效性假设

在有效市场下，商品价格是由供需双方的共同力量来决定的，并处于均衡状态，即达到均衡价格。均衡价格是指消费者对某种商品的需求量等于生产者所提供的价格。但是市场不是万能的，上述市场有效性是在供给和需求双方信息完全的假定下才成立的，即所有买卖者都具有充分的知识，完全掌握现在和将来的价格信息。在信息不充分的情况下，则可能出现市场失灵现象。在高新技术投资行业内信息不对称及信息传递的不流畅等也会造成市场失灵现象的出现。但是毕竟在更多的时候，市场是有效的，只有有效的市场才能使一个高新技术虚拟企业的经营状况和发展潜力迅速真实地得以体现，获得其他投资者的价值认可。因此，我们这里仅研究有效率的市场下的价值评估问题，在这种前提下，商品的价格是供需均衡条件下的价格。理性的投资者完全有理由认为自己的价值评估所发现的价值迟早会被其他社会投资者所认识和发现并形成有效需求，只要集中精力做好价值评估，把握投资机会，被投资企业所可能创造的未来价值必然会得到社会和市场的认同。

四、无套利均衡理论和风险中性假设

无套利均衡是继供求均衡之后的一种分析方法，主要应用在定价问题的分析上，而风险中性假设是各种定价公式中一个重要假设，以风险中性概率代替客观概率来对未来价格随机变量求均值。

（一）无套利均衡理论假设

无套利均衡分析方法是现代金融学研究的基本方法之一。其基本思想是：如果市场上存在无风险的套利机会，就说明市场处于不均衡状态，追求收益的套利力量则会推动市场重回均衡。市场恢复均衡后，套利机会自然消失，而套利机会消失后的均衡价格与市场风险因素无关，且为市场的真实价格。在市场均衡时无套利机会。

在现代金融学中，无套利均衡的分析方法最早体现在莫迪斯利亚尼和米勒研究企业资本结构和企业价值之间关系的重要成果（MM定理）中。根据MM理论，在无摩擦的、完全竞争的资本市场上，当公司的市场价值不等于非杠杆公司（无债券发行的全资股票公司）的价值时，则存在无风险套利机会。套利定价理论认为，在商品市场中，如果两种完全可替代商品的定价不同，就会发生套利。当规格、品质完全相同的两种商品在两个市场价格不同时，套利者就会从定价低的市场购买商品，然后立即到定价高的市场销售。买卖是在很短的时间内完成的，可认为两个市场内价格几乎没有波动。套利者就会无风险地获得利润。

上述"套利"是指支付为零或负，而在未来的收入为正值。以具体的交易来讲，就是市场参与者发现同一时刻两个或多个市场某种"商品"（泛指各类可交易物品）的价格不统一，从而同时进入此两个或多个市场该种"商品"的交易，可以锁定一个无风险收益，即投资者可以建立起一个资产组合，只要调整其各样资产的投资比例就可以消除全部市场风险并且有收益，收益率等于无风险利率。无套利均衡分析的要点在于"复制"，分析两组不同的资产组合，其实是用第二组来复制第一组的收益，即他们未来的收入现金流是完全相同的。

本书在应用二项式树评估法及其他实物期权方法时，都是假设市场存在无套利机会，从而构造无风险投资组合来评估高新技术虚拟企业价值。

（二）风险中性假设

风险中性这个概念是相对于风险偏好与风险厌恶来说的。在面对具有相同预期货币价值的投机时，风险偏好者愿意接受更多的不确定性，而风险厌恶者则喜欢比较确定的结果。风险中性者则并不介意一项投机是否具有比较确定或者不那么确定的结果，他们只是根据预期的货币价值来选择投机。

现代金融学认为理性的市场参与者都是风险厌恶型的，但是在理论研究中，风险因素的不确定以及参与者的风险偏好将使问题变得非常复杂，风险中性假设则可以剔除这些复杂因素，以保证在问题分析过程中的简单性。B-S模型中不包含任何投资风险偏好的变量，在对期权进行定价时，就可以使用任何一种风险偏好，并假设所有的投资者都是风险中性的。宋逢明认为:风险中性蕴含着"投资者的预期收益率为不要求风险补偿的无风险利率(为资金的时间价值)"。

本书认为风险中性假设是指在对一个问题的分析过程中,假设投资者对资产组合的选择与其自身的风险喜好无关,从而将问题放到一个假设的风险中性的世界里进行分析。在这个假想的风险中性的世界里,所有的市场参与者都是风险中性的,并不要求任何的风险补偿或风险报酬,那么所有资产不管其风险大小或者是否有风险,其预期收益率都相同,且等于无风险利率,而且所有资产现在的市场均衡价格都应该等于其未来收益的预期值用无风险利率贴现后的现值。

风险中性假设可以把期权和一部分对应资产结合,构造无风险组合。比如股票期权中,持有一份股票的同时买入该种股票的看跌期权。则当股票的股价升高时,看跌期权不宜执行,此时看跌期权投资处于亏损状态,按市价卖出持有股票,可弥补看跌期权导致的亏损;相反,看跌期权股票的市价下降时,持有股票价值减少,但看跌期权价值升高,可执行看跌期权,将手中持有股票以行权价卖出。不管发生什么,这种组合的结果都一样,因此未来现金流按无风险利率贴现,并且无论是风险偏好还是风险规避者对此组合的定价都是一样的。

五、几何布朗运动过程假设

在金融研究中,常用的两个随机过程分别是几何布朗运动(Geometric Brownian Motion,GBM)和均值回归过程。几何布朗运动适于描述具有增长或衰减特征的随机游走路径,要求运动的全过程必须恒正或恒负。均值回归过程通常用来描述商品价格在短期内产生波动并且偏离长期水平,但在市场供需平衡作用下最终回归到平均水平的过程。

事实上,即使假设了不同的随机过程,对实际的期权定价也未必产生大的影响。因为在有效的市场中可以得到包括均值回归过程在内的各种形式的资产的复制组合，而无论是进行怎样的测度变换，都可以消去随机过程的漂移项，并不影响最后的期权定价结果。考虑到高新技术虚拟企业价值变动面临长期的不确定性因素，我们采用较为简单和最常用的几何布朗运动来描述标的资产的运动路径。

布朗运动又称维纳过程，是分析随时间连续变化随机变量的基础。几何布朗运动是布朗运动的一个推广和变形，它与简单布朗运动的一个区别就是增量的变化服从对数正态分布。几何布朗运动的数学表达式为

$$dx = uxdt + \sigma xdz \tag{4-1}$$

其中：u 是随机变量的漂移率；σ 是随机变量的方差。对于随机变量 x，假设 0 时刻有 $x(0) = x_0$，则 $x(t)$ 的期望值和方差分别为

$$E(x(t)) = x_0 e^{ut} \tag{4-2}$$

$$Var(x(t)) = x_0^2 e^{2ut}(e^{\sigma^2 t} - 1) \tag{4-3}$$

普通布朗运动假定漂移率和方差率为常数，若把变量 x 的漂移率和方差率当作随机变量 x 和时间 t 的函数，则该过程就是伊藤过程（Itō Process），也是维纳过程，表示为

$$dx = a(x, t)dt + b(x, t)dz \tag{4-4}$$

其中：dz 是一个标准布朗运动；$a(x, t)$、$b(x, t)$ 是随机变量 x 和时间 t 的函数，变量 x 的漂移率为 $a(x, t)$，方差率为 $b(x, t)$。

若变量 x 遵循伊藤过程，则变量 x 和 t 的函数 G 将遵循如下过程：

$$dG = \left(\frac{\partial G}{\partial x}a + \frac{\partial G}{\partial t} + \frac{1}{2}\frac{\partial^2 G}{\partial x^2}b^2\right)dt + \frac{\partial G}{\partial x}bdz \tag{4-5}$$

由于

$$dx = uxdt + \sigma xdz$$

根据伊藤引理，目标期权的价格 G 应遵循如下过程：

$$dG = \left(\frac{\partial G}{\partial x}ux + \frac{\partial G}{\partial t} + \frac{1}{2}\frac{\partial^2 G}{\partial x^2}\sigma^2 x^2\right)dt + \frac{\partial G}{\partial x}\sigma x dz \qquad (4-6)$$

第二节 基于产品的高新技术虚拟企业阶段特征

根据前一章对高新技术虚拟企业的内涵、分类等特性的研究，我们知道高新技术虚拟企业发展具有明显的阶段特征，而这种阶段特征与产品价值链的各个环节密切相关，跟技术创新的过程与管理相一致，即创意、想法开始，经研究开发与设计、中试，再到试生产、大规模生产变成产品，最后通过营销进入市场进行商业化。每个技术创新活动所经历的过程可大致分为研发阶段、生产阶段和营销阶段。高新技术虚拟企业的创建，是因为市场出现了新的机会，盟主企业为了抓住稍纵即逝的市场机会，会根据自身的核心能力与优势结合外部资源组成一个临时性组织。盟主企业在组建虚拟企业时，会根据自己在研发、生产和营销等价值链环节中的优劣势有针对性地整合外部资源，实现强强联合。对于单个成员企业而言，企业只是处于价值链中的某个环节或某些环节，很少有企业在整个价值链中都占有优势实现全行业"通吃"的，这种"大而全"的企业已经越来越不适应社会经济的发展需要。从这个角度来说，任何一个高新技术虚拟企业都包含了价值链中的每个环节，实现了单个企业无法全行业"通吃"的梦想。正因为每个虚拟企业的业务范畴覆盖了价值链的每个环节，则价值链中的每个环节对高新技术虚拟企业的价值创造都有各自的贡献，所以，评价高新技术虚拟企业的价值时，必须从价值链视角来进行综合评价。

可以看出，对高新技术虚拟企业的价值评价问题是一个分阶段或序列投资决策过程，在这个决策过程中包含了一系列有内在关联的投资机会，每个阶段的投资机会涉及各种实物期权。因此，高新技术虚拟企业的价值中包含各种实物期权价值，如等待期权、扩展期权、放弃期权等。但是，目前国内外对实物期权的研究大多仅停留于实物期权模型的应用，讨论实物期权理论比传统的价值评价方法具有优势，很少有根据应用背景和具体问题探讨期权模型的构建。

本书所探讨高新技术虚拟企业的价值评估，就是从价值链视角来构建相关模型，即按照研发阶段、生产阶段和营销阶段等阶段的逻辑关系来构建，这样构建的模型能比较好地反映现实生活，具有一定的应用价值和现实意义。高新技术虚拟企业分阶段投资示意图如图4-1所示。

图4-1 高新技术虚拟企业分阶段投资示意图

一、研发阶段

研发阶段的投资包括投资新技术、新产品的开发与研制，以及R&D完成后进行的新产品试产阶段。高新技术产品的R&D研发，一般都属于高、精、尖技术，研制过程比较复杂，是一个不断试验和论证的研制过程。在此阶段不会有产品销售，也不会有收入和利润产生。

二、生产阶段

生产阶段是在R&D研发完成后进入投产投资阶段，这个阶段需要建厂、安装生产线组织生产。这是研发成果在生产线上的实际运用，由于技术有难易、要求有高低，有些即使已经成功研究开发出来，并获得了相关技术专利，但能否加工生产得出来还不确定，这需要投资者慎重考虑，因为有些技术不仅要求精度高、加工工序复杂，而且要求供货速度要快，这需要巨大的投资购买相关设备和培训技术人员和工人，所以，在这个阶段进行投资决策时，要根据本企业自身的客观条件进行综合考虑，否则会导致投资失败。

三、营销阶段

这是生产经营过程的最后阶段，如果产品销售不畅而失败，就会导致企业经济效益下降，以至于停工破产。所以，这个阶段也非常关键，但通过什么样的方式将新产品尽快送到消费者手中却是一个非常重要的问题。当然，营销策略和手段与产品的特征和消费者群体特征都有关系。所以，管理者在此阶段做决策时，必须综合考虑企业、行业、消费者以及市场各方面的因素才不至于失误。

根据前面的分析可知，在对高新技术虚拟企业进行投资的整个环节中，每个投资环节间都高度相关，前一个阶段决策需要后面阶段投资决策的可行性支持，而后面环节的投资决策则需要前序阶段成果的支持，这说明任何一个阶段的决策都不能孤立做出。所以，在任一时点对项目价值进行评估时都应充分考虑前、后序各阶段投资行为可能给企业带来的价值变化。

第三节 各种虚拟模式下高新技术虚拟企业期权特性

根据前一章对基于产品的高新技术虚拟企业的分类，有单一模式虚拟型高新技术虚拟企业、双组合虚拟型高新技术虚拟企业和全组合虚拟型高新技术虚拟企业，而单一模式虚拟型又可分为虚拟研发型、虚拟生产型和虚拟营销型，双组合虚拟型又可分为前向虚拟型、后向虚拟型和哑铃虚拟型。为了简便，本书没有对每种类型的高新技术虚拟企业进行分析，只是从每种模式中选一个代表模型进行分析。例如，单一模式虚拟型中选择虚拟生产型模式；双组合虚拟模式型中选择前向虚拟型；全组合虚拟模式只有一种就选择它。下面对虚拟生产型高新技术虚拟企业、前向虚拟型高新技术虚拟企业和全组合虚拟型高新技术虚拟企业的期权特性分别进行分析，为后面选择哪种方法进行建模提供基础和前提。

一、虚拟生产型高新技术虚拟企业期权特性

虚拟生产型高新技术虚拟企业，是指那些在研发和营销方面具有核心能力，而生产环节无核心优势并将生产环节虚拟化的高新技术企业。假定该企业已经完成了产品的研究开发并拥有该产品相关技术专利，此时，该企业要考虑是自己组织新产品的生产还是利用外部资源寻找生产技术非常专业化的企业代为生产。如果完全由企业自己组织生产，则需要投资一笔巨资以购买生产设备、原材料以及培养相关技术人员；但如果利用外部资源组成虚拟生产型高新技术虚拟企业，只需要投资比较小的费用 I_1。当然，考虑到市场竞争激烈，如果不及时生产出新产品并迅速推向市场，就会被竞争对手抢先占领市场而失去这次市场机会。综合考虑该企业在生产方面的劣势，如果仅由企业自己生产会承担巨大的风险，故在这种情况下，企业往往会考虑将生产环节进行虚拟化，组成虚拟生产型高新技术虚拟企业，但是组成高新技术虚拟企业也会存在生产制造不成功的风险，一旦新产品生产获得成功，设成功的概率为 q_1，虚拟生产型高新技术虚拟企业就有机会进行投资 I_2，进行销售并商业

化，获得巨大的超额收益 V；如果虚拟生产不成功，设不成功的概率为 $1-q_1$，则该虚拟生产型高新技术虚拟企业只会损失一笔比较少的费用，即组建高新技术虚拟企业的初始投资 I_1。可见，盟主企业通过组建虚拟生产型高新技术虚拟企业，拥有了一份欧式看涨期权，其投资损失有限，但收益却巨大。这样在虚拟生产阶段投资 I_1 可以看成拥有了进入营销并商业化阶段的一种看涨期权，虚拟生产阶段的投资额 I_1 相当于是在虚拟生产阶段成功后而继续进行营销并商业化的实物期权成本；来自营销并商业化的未来现金流现值 V 可以看成资产值；新产品引入市场的日期可以看成执行日期 $T_1 = t_1$。

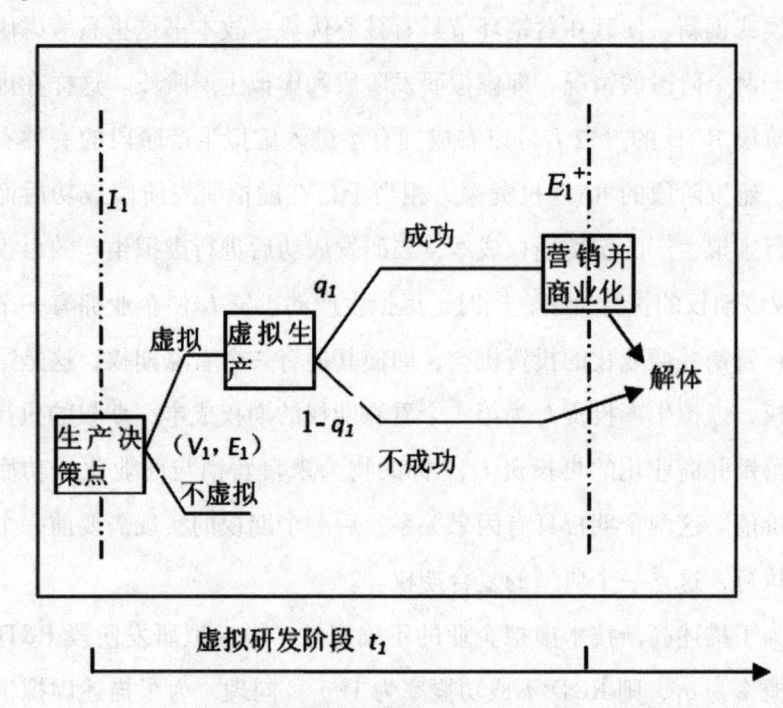

图 4-2 是一个典型的虚拟生产型高新技术虚拟企业投资过程决策树图。

图 4-2 虚拟生产型高新技术虚拟企业投资过程决策树图

二、前向虚拟型高新技术虚拟企业期权特性

前向虚拟模式型，即研发和生产都虚拟化，只有销售环节由企业自己掌控。从这类高新技术虚拟企业的发展来看，它实际是由一系列不同的阶段组成。如虚拟研发阶段、虚拟生产阶段和商业化阶段。根据前面对高新技术虚拟企业的分析，前向虚拟模式型中盟主企业在商业化阶段具有自己的核心能力，故本书假定只有前端的研发和生产环节成功，后面的销售假定是成功的，此阶段确定性高，视为没有不确定性，但研发和生产环节都存在各种不确定性。实际上这种假设在现实世界中是存在的，例如小米科技的智能手机就是一例，小米手机只要一上市，就会掀起一波抢购潮流。对于这类高新技术虚拟企业而言，因该公司利用网络营销模式创新，使其在营销环节具有核心优势，故本书这里只考虑研发和生产两个阶段的情况，即虚拟研发阶段和虚拟生产阶段。这样在虚拟研发阶段 R&D 的投资 I_1 可以看成拥有了进入虚拟生产阶段的一种看涨期权，研发阶段的 R&D 投资额 I_1 相当于是在虚拟研发阶段成功后而继续进行虚拟生产的实物期权成本；当研发成功后进行虚拟生产的再投资 I_2 看成该期权的执行价格；同时，虚拟生产的投资 I_2 使企业拥有一个未来进行营销并商业化的投资机会，即使其拥有一个看涨期权，这是第二个期权，虚拟生产投资 I_2 为第二个看涨期权的期权成本，期权的执行价格为营销并商业化的再投资 I_3，标的物为来自营销与商业化成功后项目总价值。这两个期权具有因果关系，后一个期权的实现需要前一个期权的执行，这是一个典型的复合期权。

为了描述高新技术虚拟企业的不确定性，设虚拟研发阶段 R&D 成功的概率为 q_1，则 R&D 不成功概率为 $1-q_1$。同理，为了描述虚拟生产阶段的不确定性，假定生产阶段高新技术虚拟企业总价值为 V_2，当虚

拟生产成功就投资 I_3 进行营销与商业化，使其未来现金流现值为 E_2^+，且发生的概率为 q_2；当虚拟生产不成功时，高新技术虚拟企业解体后价值残值为 E_2^-，且发生的概率为 $1-q_2$；在生产决策点，如果不组建虚拟生产型高新技术虚拟企业，就进行虚拟企业解体。图 4-3 是一个典型的前向虚拟型高新技术虚拟企业投资过程中所有相关决策和不确定性结果的图表描述。

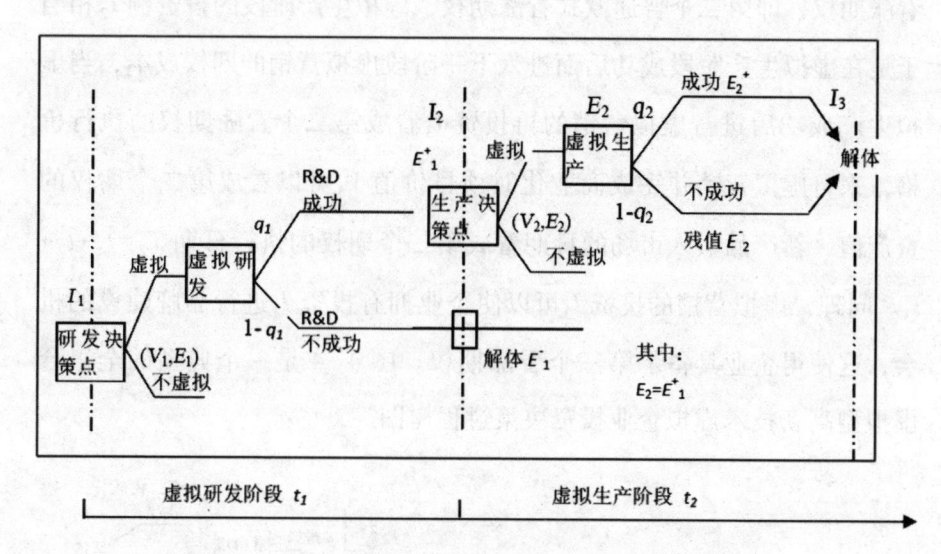

图 4-3 前向虚拟型高新技术虚拟企业投资过程决策树图

三、全组合虚拟型高新技术虚拟企业期权特性

从前面的分析可知，全组合虚拟型是指在产品价值链中研发设计、生产和营销都进行虚拟化，盟主企业只进行品牌的建设。在全组合虚拟型模型中有三次决策点，分别是虚拟研发决策点、虚拟生产决策点和虚拟营销决策点。在虚拟研发阶段 R&D 的投资 I_1 可以看成拥有了进入虚拟生产阶段的普通欧式看涨期权，虚拟研发阶段的 R&D 投资额 I_1 相当于是在虚拟研发阶段成功后而继续进行虚拟生产的期权成本；虚拟研发

成功后进行虚拟生产的再投资 I_2 看成第一个看涨期权的执行价格,在虚拟生产决策点高新技术虚拟企业收益 V_2 相当于第一个看涨期权的标的物的资产值,成功进入虚拟营销日期看成第一期权的执行日期 $T_1=t_1+t_2$;当虚拟生产成功后,需要继续进入下一段虚拟营销阶段,此时,虚拟生产阶段的投资 I_2 可以看成拥有了进入虚拟营销阶段的一种普通欧式看涨期权,即第二个普通欧式看涨期权,虚拟生产阶段的投资额 I_2 相当于是在虚拟生产阶段成功后而进入下一阶段虚拟营销的期权成本,当虚拟生产成功后进行虚拟营销的再投资 I_3 看成第二个看涨期权的执行价格,来自虚拟营销并完成商业化时项目价值 V_3 可以看成第二个期权的资产值,新产品引入市场的日期看成第二个期权的执行日期 $T_2=t_1+t_2+t_3$。同理,虚拟营销的投资 I_3 可以使企业拥有投资 I_4 进行品牌建设的机会,这使得企业具备了第三个看涨期权。图 4-4 是一个典型的全组合虚拟型高新技术虚拟企业投资决策过程树图。

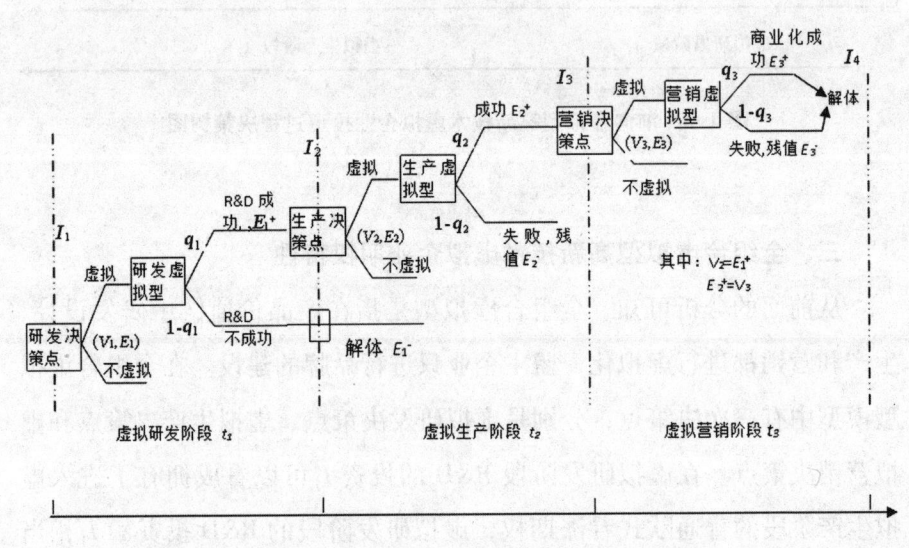

图 4-4　全组合虚拟型高新技术虚拟企业投资决策过程树图

第四节 基于产品的高新技术虚拟企业综合风险系数估计

在实物期权模型中，资产价格的波动率 σ 代表资产价格的风险，而导致资产价格变动的因素有很多，这些因素可以从高新技术虚拟企业面临的各种风险来进行识别和刻画。由于缺乏高新技术虚拟企业资产波动率的历史数据，本书利用高新技术虚拟企业综合风险来刻画投资标的价格的急剧波动性，故本节先求出高新技术虚拟企业综合风险系数，然后再求出波动率 σ，为后面进行高新技术虚拟企业价值评估做好准备。

本书第三章第四节，根据生命周期将高新技术虚拟企业划分为识别期、组建期、运行期和解体期四个阶段，针对这四个阶段，分别从静态和动态两个角度对高新技术虚拟企业运作过程中存在的各种风险进行分析。为了根据高新技术虚拟企业的风险来刻画标的资产价格的波动率，本书对高新技术虚拟企业面临的各种风险进行归类、合并，认为高新技术虚拟企业的整体风险（综合风险）是由市场风险、技术风险和合作风险三部分组成的，其中每类风险要包含不同的具体风险。下面分别对各类风险及综合风险系数进行估计。

一、综合风险的识别

据一般化原则和定量化原则，本书将高新技术虚拟企业面临的各种风险归类为市场风险 F_M、技术风险 F_T 和合作风险 F_C。各类风险包含的因素如图 4-5 所示。

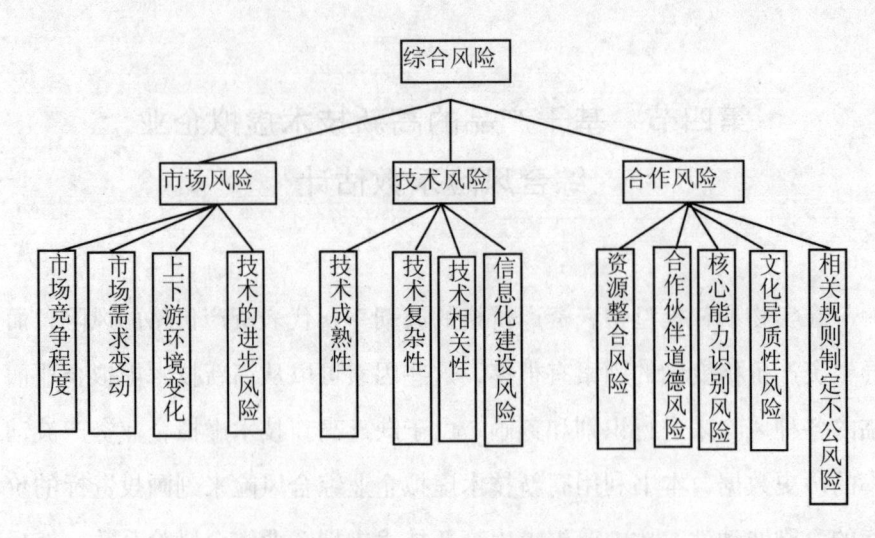

图 4-5　高新技术虚拟企业总风险构成图

（一）市场风险 F_M

市场风险是指高新技术虚拟企业从产品的研究开发一直到产品商业化的整个过程中所面临的各种不确定性技术因素导致的预期收益的不确定性。包括市场竞争程度、市场需求变动、上下游环境变化和技术的进步等因素。

（二）技术风险 F_T

高新技术虚拟企业一般都要进行大量的技术创新或技术改进，而技术创新活动贯穿于产品价值链的每个环节，由于各种技术难度或技术不确定性的存在必会导致高新技术虚拟企业的失败。高新技术虚拟企业的成功离不开各成员企业间信息技术与通信技术的融合、发展，由于各成员企业的操作平台和接口可能不同，信息化建设的完善程度具有不确定性，其建设的不完善，有可能会导致高新技术虚拟企业的失败。技术风险因素主要包括技术的成熟性、技术的复杂性、技术的相关性和信息化建设。

(三) 合作风险 F_c

合作风险是指高新技术虚拟企业中各成员企业因资源整合、文化异质性、合作伙伴信用等问题，导致虚拟企业解体的可能性。合作风险因素主要包括资源整合风险、合作伙伴间文化异质性风险、合作伙伴道德风险、核心能力识别风险和各种相关规则制定不公风险。

二、综合风险系数的计算

确定各种风险系数的大小，需要对各种风险发生的概率进行测算。由于高新技术虚拟企业中存在的各种风险因素无法从大量实验或历史数据中确定，只能通过决策者与各领域相关专家根据其经验和个人能力对各风险因素发生的概率做出主观的估计。本书应用模糊综合评判法对风险系数进行计算。

(一) 技术风险系数的确定

从上面的分析可知技术风险包括技术的成熟性、技术的复杂性、技术的相关性和技术的完备性四个因素。根据模糊综合评判法，可得因素集为 $U=$ {成熟性、复杂性、相关性、完备性}，根据其对技术风险影响程度的不同，分别赋予各因素相应的权重向量为 $A=$ { w_1, w_2, w_3, w_4 }。因素的评价集为 $Y=$ {低、较低、中等、较高、很高}，并赋予评价集各元素量值 $Y=$ {0.1, 0.3, 0.5, 0.7, 0.9}，表示评价集各元素与技术风险因素风险大小的对应关系。

为了得到从 U 到 Y 的模糊关系矩阵，可以邀请有关技术专家组成技术风险评估小组,让他们根据四种因素处于不同评价程度的关系对应表(表4-1),对各种风险因素进行评价,然后对每个因素各等级的评价结果进行标准化处理,折合成[0,1]区间的数值,得到各因素的模糊向量:$A_{成熟性}$、$A_{复杂性}$、$A_{相关性}$、$A_{完备性}$,表示为A_1、A_2、A_3、A_4。

表4-1 技术风险各因素处于不同评价程度的关系对应表

评价 因素	低	较低	中等	较高	高
$A_{成熟性}$ (A_1)	现有	局部重新设计	主要变更但可行	技术复杂	新技术,完全自行设计
$A_{复杂性}$ (A_2)	简单	局部比较复杂	技术复杂性中等	技术复杂性显著增加	技术相对复杂
$A_{相关性}$ (A_3)	合作企业间无相关技术	合作企业间一部分技术相关	合作企业间存在大部分技术相关	合作企业间绝大部分技术相关	相互交错,技术高度相关
$A_{完备性}$ (A_4)	没有信息化建设	一部分合作企业有信息化建设	大部分合作企业都有,但先进性一般	大部分合作企业都有,且比较先进	全部合作企业都有,且相当先进完善

将上述四个因素评价结果合并成一个矩阵,于是得到从 U 到 Y 的模糊关系矩阵:

$$R = \begin{bmatrix} A_1 \\ A_2 \\ A_3 \\ A_4 \end{bmatrix} = \begin{bmatrix} r_{11} & r_{12} & r_{13} & r_{14} & r_{15} \\ r_{21} & r_{22} & r_{23} & r_{24} & r_{25} \\ r_{31} & r_{32} & r_{33} & r_{34} & r_{35} \\ r_{41} & r_{42} & r_{43} & r_{44} & r_{45} \end{bmatrix}$$

然后,进行模糊综合评判:

第四章 高新技术虚拟企业价值评估框架设计

$$B_1 = A_1 \cdot R = (w_1, w_2, w_3, w_4) \cdot \begin{bmatrix} r_{11} & r_{12} & r_{13} & r_{14} & r_{15} \\ r_{21} & r_{22} & r_{23} & r_{24} & r_{25} \\ r_{31} & r_{32} & r_{33} & r_{34} & r_{35} \\ r_{41} & r_{42} & r_{43} & r_{44} & r_{45} \end{bmatrix}$$

$$= [b_1, b_2, b_3, b_4, b_5]$$

对 B_1 进行归一化处理，为

$$B_1' = [b_1', b_2', b_3', b_4', b_5']$$

可得高新技术虚拟企业的技术风险大小为：

$$F_T = B_1' \cdot Y^T = (b_1', b_2', b_3', b_4', b_5') \begin{bmatrix} 0.1 \\ 0.3 \\ 0.5 \\ 0.7 \\ 0.9 \end{bmatrix}$$

$$= 0.1b_1' + 0.3b_2' + 0.5b_3' + 0.7b_4' + 0.9b_5'$$

（二）市场风险系数的确定

同样可以采用模糊综合评判法来确定市场风险系数的大小。设市场风险因素集为 $U = \{$竞争程度，需求程度，环境变化，技术发展$\}$，赋予各因素权重向量为 $A_2 = \{w_1, w_2, w_3, w_4\}$．各因素的评价集为 $Y = \{$低，较低，中等，较高，很高$\}$，并赋予评价集各元素量值 $Y = \{0.1, 0.3, 0.5, 0.7, 0.9\}$，表示评价集各元素与市场风险因素风险大小的对应关系。

同理，组织专家组，根据市场风险各因素处于不同评价程度的关系对应表（表4-2），对各种风险因素高低进行评价，然后对每个因素各

等级的评价结果进行标准化处理，可以得出市场风险大小为：$F_M = B_2' \cdot Y^T$

表 4-2　市场风险各因素处于不同评价程度的关系对应表

评价等级 风险因素	低	较低	中等	较高	高
竞争程度	市场竞争不激烈，完全独占市场	有竞争，但威胁不大	竞争一般	竞争比较激烈	竞争非常激烈
需求程度	市场需求很低	新产品逐渐被消费者所认识，市场需求提高	新产品还未被完全认可，市场需求一般	新产品已经被完全认可，市场需求比较高	市场需求非常高
环境变化	上下游环境很可能发生有利变化	上下游环境可能发生有利变化	上下游环境不会发生太大变化	上下游环境可能发生不利变化	上下游环境很可能发生不利变化
技术发展	技术先进，在相对长时间内处于领先地位	技术比较先进，可以在短时间内处于领先地位	新产品投放市场时，技术优势很小	新产品投放市场时，没有技术优势	新产品投放市场时，技术可能已相对落后

（三）合作风险系数的确定

合作风险因素主要包括资源整合风险、合作伙伴间文化异质性风险、合作伙伴道德风险、核心能力识别风险和各种相关规则制定不公风险等方面。

同样可以采用模糊综合评判法来确定合作风险系数的大小。设合作风险因素集为 $U = \{$文化异质性，核心能力识别，规则合理性，资源整合$\}$，赋予各因素权重向量为 $A_3 = \{w_1, w_2, w_3, w_4\}$。各因素的评价集为 $Y = \{$低，较低，中等，较高，很高$\}$，并赋予评价集各元素量值

$Y = \{0.1, 0.3, 0.5, 0.7, 0.9\}$，表示评价集各元素与合作风险因素风险大小的对应关系。

同理，为了得到从 U 到 Y 的模糊关系矩阵，可以邀请有关企业合作方面的专家组成合作风险评估小组，根据合作风险各因素处于不同评价程度的关系对应表（表4-2），对各种风险因素高低进行评价，然后对每个因素各等级的评价结果进行标准化处理，最后可以得出合作风险大小为：$F_C = B_3' \cdot Y^T$

表4-3 合作风险各因素处于不同评价程度的关系对应表

评价因素	低	较低	中等	较高	高
文化异质性	合作企业间文化差异小	合作企业间存在文化差异，但不是很大	合作企业间文化差异一般，合作摩擦不大	合作企业间文化差异比较大，合作摩擦比较大	合作企业间文化差异很高，合作摩擦非常大
核心能力识别	对企业核心能力识别低	能识别出一小部分合作企业的核心能力	能识别出一部分合作企业的核心能力	能识别出大部分合作企业的核心能力	能完全识别所有合作企业的核心能力
规则合理性	规则制定不科学，合理性很低	规则制定基本科学，基本合理	规则制定科学性一般，基本合理	规则制定比较科学，比较合理	规则制定非常科学，合理性很高
资源整合	合作企业间资源整合效率很低	合作企业间资源整合效率比较低	合作企业间资源整合效率一般	合作企业间资源整合效率比较高	合作企业间资源整合效率很高，完全融为一体

（四）综合风险系数的确定

通过模糊综合评判法，分别求出市场风险系数 F_M、技术风险系数

F_T和合作风险系数 F_C 后,则高新技术虚拟企业的综合风险系数 σ 为[①]

$$\sigma = 1 - (1 - F_T)(1 - F_M)(1 - F_C) \qquad (4-7)$$

第五节　基于产品的高新技术虚拟企业价值评估框架

从产品价值链角度来看,我们已经将高新技术虚拟企业分为单一虚拟模式型、双组合虚拟模式型和全组合虚拟模式型,每种模式中所处虚拟环节和数量不同,导致其价值产生的机理和因素都不同,因而对其价值评价应该选用不同的模型。为了说明每种虚拟型模式的价值评估,本书从三种类型中分别选用有代表性的虚拟生产型、双组合虚拟型和全组合虚拟型模式进行研究,其余可以类推求出其价值。在这里,单一虚拟模式中选择虚拟生产型模式,它是一个单阶段模型;双组合虚拟模式型中选前向虚拟型,这是一个两阶段模型;全组合虚拟模式,即研发、生产和销售都进行虚拟化,是一个三阶段模型。由于每种类型的高新技术虚拟企业具有不同的期权特性,因而,需要选择不同的价值评估方法,传统方法中就选常用的净现值法 NPV,实物期权中有简单二项式树方法、多阶段二项式树方法、B-S 和复合期权方法。也就是说,对于每一种虚拟模式高新技术虚拟企业存在多种评估方法,为此需要进行评估方法的比较。下面给出高新技术虚拟企业价值评估一般流程图(图 4-6)。具体步骤如下:

步骤 1:对被评估的高新技术虚拟企业类型进行判别,看其属于单一虚拟模式型、双组合虚拟模式型和全组合虚拟模式型中的哪一种。

[①] 陈剑,冯蔚东. 虚拟企业构建与管理 [M]. 北京:清华大学出版社,2002:46.

步骤2：在识别出其为哪种虚拟型高新技术虚拟企业后，对该种虚拟型高新技术虚拟企业进行期权特性分析，以便后面进行方法选择。

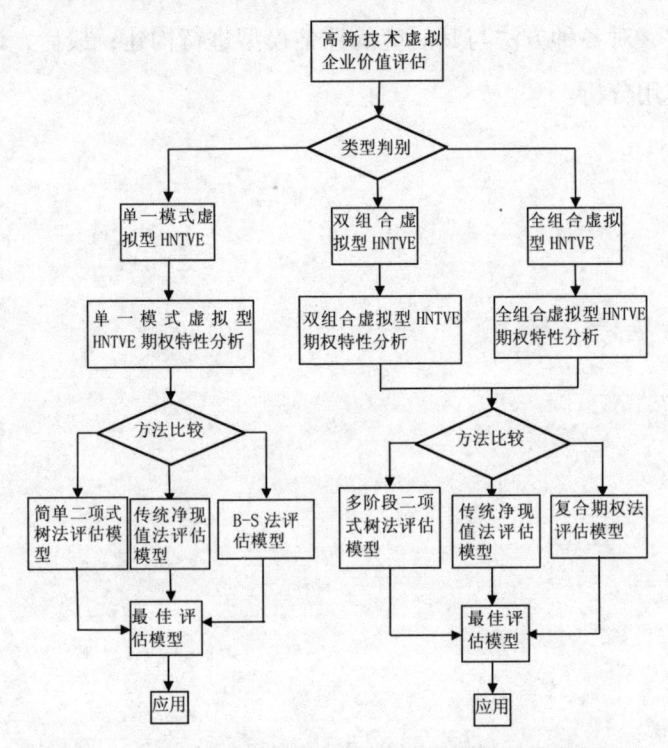

图4-6　基于产品的高新技术虚拟企业价值评估流程图

步骤3：根据该高新技术虚拟企业的期权特性，选择可用方法并建立相应评估模型。例如单一模式虚拟型HNTVE和双组合虚拟型HNTVE具有类似的单个期权特性，可选方法都有传统净现值法、单期二项式树法和B-S模型法；对于全组合虚拟型HNTVE，因其具有多个期权特性，故可选评估方法有复合实物期权法、多阶段二项式树法和传统净现值法。

步骤4：以被评估的高新技术虚拟企业价值最大为目标进行方法与模型选择，选出最佳评估模型。

步骤5：利用最佳评估模型进行应用。

下面就根据上述评估步骤对高新技术虚拟企业价值进行评估,具体内容安排为:首先,对各种类型的高新技术虚拟企业期权特性进行分析;其次,对各种方法与其对应的评估模型进行构建;最后,以具体实例进行应用分析。

第五章 基于不同方法的高新技术虚拟企业价值评估模型及应用

上一章，我们通过对高新技术虚拟企业的阶段特征和不同虚拟模式下的高新技术虚拟企业的期权特性进行分析后，建立了高新技术虚拟企业价值评估的一般框架，本章在此框架下来构建各种高新技术虚拟企业价值评估模型，本章内容安排如下：先构建各种不同方法下的高新技术虚拟企业价值评估模型；然后，从单一模式虚拟型、双组合虚拟型和全组合虚拟型中各选一种典型的虚拟类型进行实例评估，即分别选择虚拟生产型高新技术虚拟企业、前向虚拟型高新技术虚拟企业和全组合虚拟型高新技术虚拟企业价值进行实例评估应用，从而选出不同虚拟模式下高新技术虚拟企业价值评估的最优模型。

注意，若没有特别说明，本章后面所有的高新技术虚拟企业价值评估都是指基于产品的高新技术虚拟企业价值评估，因为对基于项目和基于服务的高新技术虚拟企业来说，它们的阶段特征和期权特性都不同于基于产品的高新技术虚拟企业。

为了便于后面的分析，本书虚拟生产型高新技术虚拟企业、前向虚拟型高新技术虚拟企业和全组合虚拟型高新技术虚拟企业三种类型虚企业的投资过程,用多阶段二项式树图来表示,如图5-1所示,其中虚拟生产型高新技术虚拟企业的价值运动过程相当于第一个单期投资过程,即FM段过程;前向虚拟型高新技术虚拟企业的价值运动过程相当于前两期投资过程,即FN段过程;全组合虚拟型高新技术虚拟企业的价值运动过程相当于图5-1中的三期投资过程。图中$E_i(i=1,2,3)$代表每个节点时的项目价值,即投资机会价值,$E_i^+(i=1,2,3)$代表某i个投资活动获得成功后的项目价值,$E_i^-(i=1,2,3)$代表某个投资活动不成功时的项目价值。在本书中,V_i代表第i时点项目总价值;$q_i(i=1,2,3)$为每次投资活动实际成功概率;$p_i(i=1,2,3)$为风险中性成功概率。

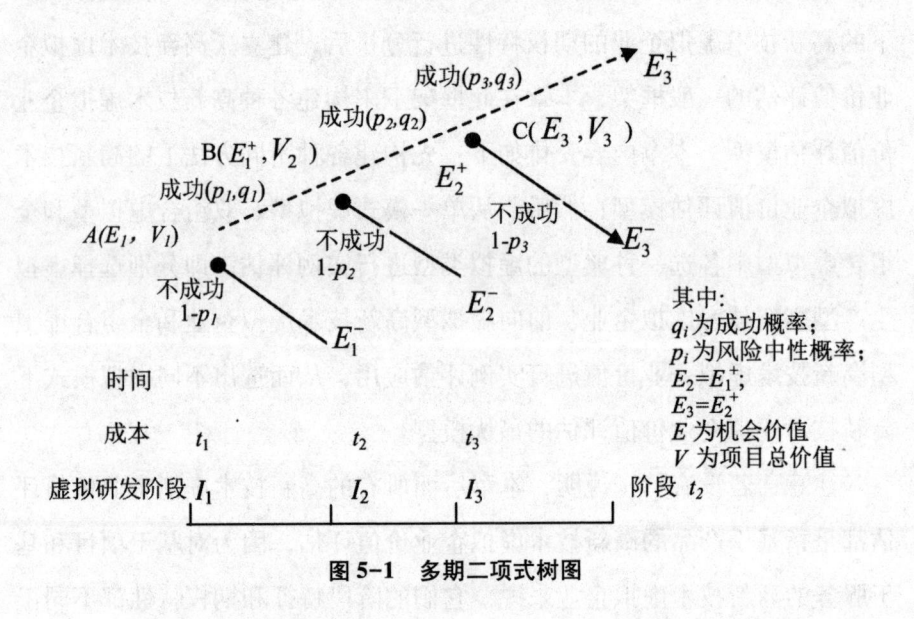

图5-1 多期二项式树图

由于传统净现值法计算相对简单,本书没有将其计算公式单独列出,下面分别就实物期权方法下各种类型的HNTVE价值评估模型进行构建。

<<< 第五章 基于不同方法的高新技术虚拟企业价值评估模型及应用

第一节 基于单期二项式树法的高新技术虚拟企业价值评估模型

在本书的研究对象中，全虚拟组合型高新技术虚拟企业相当于三期二项式树图，双组合虚拟型高新技术虚拟企业相当于二期二项式树图，单一模式虚拟型相当于单期二项式树图，为了说明二项式树法的原理和分析过程，我们先对单期二项式树法进行详细介绍，为后面多期二项式树法分析打下基础。

单一虚拟模式高新技术虚拟企业价值运动类似于普通股票期权定价二项式树模型，这是一个离散时间模型，用树形描述来分析高新技术虚拟企业价值在整个时间的运动状态。为了运用普通股票期权定价二项式树模型来评价实物期权，假定一个高新技术虚拟企业的总价值 V 和相应股价 S 遵循随机布朗运动。特别说明一下：本书假定被评估的高新技术虚拟企业存在一个股价，称为虚拟股价，也就是说被评价的高新技术虚拟企业不一定是上市公司，只是为了方便和利用套期保值原则，因为在高新技术虚拟企业价值的最终求解公式中不会包含股价这个变量，这个股票价格 S 只是过渡变量。在无套利均衡原理下，标的资产的期望收益为无风险利率，标的资产波动率为目标公司的历史收益波动率，但由于高新技术虚拟企业存在时间短，一般没有目标公司的历史收益波动率，也没有可供参考的相类似公司的历史收益波动率。为了更真实地反映高新技术虚拟企业的价值，本书提出用高新技术虚拟企业的综合风险系数来代替标的资产波动率，具体求法会在后面详细介绍。从前向虚拟型两阶段高新技术虚拟企业投资过程决策树图可以看出，虚拟生产期间的投资机会价值既与发生概率为 q_1 的投资机会价值 V^+ 相关，也与发生概率为 $1-q_1$ 的解体后企业价值残值 V^- 相关（图5-2）。

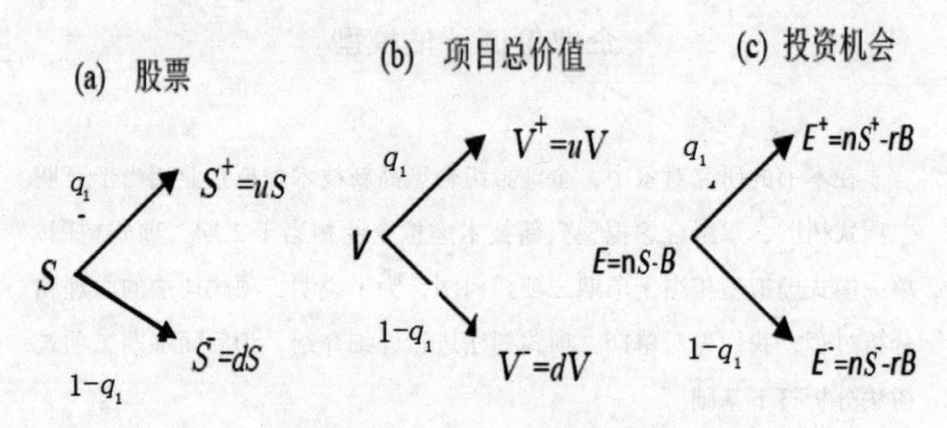

图5-2 总项目价值、衍生证券和套头组合投资的二项式树图

现假设投资者采取套期交易组合投资，以 B 元的无风险证券和 n 股股价为 S 的衍生证券来正确复制高新技术虚拟企业的机会价值。在这种不存在无风险套利机会的市场均衡方法中，投资机会价值 E 应与等证券组合投资有相同的价值，它并不依赖公司在市场表现好时的股价 S^+ 和表现不好时的股价 S^-。

设进行套期保值的当前成本为 $nS - B$，则高新技术虚拟企业在运行期间未即解体时该证券组合投资的价值不是概率为 q_1 的 $nS^+ - (1+r)B$，就是概率为 $1-q_1$ 的 $nS^- - (1+r)B$。这样就有：$E^+ = nS^+ - (1+r)B$ 和 $E^- = nS^- - (1+r)B$，其中 r 为无风险利率。由这两个方程可以推导出 n 和 B 的表达式：

$$n = \frac{E^+ - E^-}{S^+ - S^-} \tag{5-1}$$

$$B = \frac{E^+ S^- - E^- S^+}{(S^+ - S^-)(1+r)} \tag{5-2}$$

<<< 第五章 基于不同方法的高新技术虚拟企业价值评估模型及应用

无套利机会意指投资机会的当前价值 E 既不比证券组合投资低也不比证券组合投资高，因而在均衡点，投资机会的当前值应该等于证券组合投资价值（$E=nS-B$），代入方程（5-1）、（5-2）中消去 n 和 B，可以得到高新技术虚拟企业投资机会价值的正确公式

$$\text{HNTVE 价值 } E = \frac{p_1 E^+ + (1-p_1) E^-}{(1+r)}$$

故 HNTVE 价值为

$$\text{HNTVE 价值 } V = \frac{q_1[p_1 E^+ + (1-p_1) E^-]}{(1+r)} + (1-q_1)(0) - I_1 \tag{5-3}$$

这里 p_1 是风险中性的概率，且定义为[①]

$$p_1 = \frac{(1+r)S - S^-}{S^+ - S^-} = \frac{(1+r) - d}{u - d} \tag{5-4}$$

通过对 Black-Scholes 连续时间模型的离散近似，可根据以下公式计算出 u、d、p_1 的值。

$$u = e^{\sigma\sqrt{\Delta T}} \tag{5-5}$$

$$d = e^{-\sigma\sqrt{\Delta T}} \tag{5-6}$$

上述公式中 S 是高新技术虚拟企业初期的股价；r 为无风险利率；σ 为高新技术虚拟企业综合风险系数，刻画投资标的价格的急剧波动性；ΔT 表示高新技术虚拟企业存续期间的时间长度；u、d 分别表示高新技术虚拟企业投资价值正、负向的漂移率。

由于，高新技术虚拟企业的价值是由两部分组成的，确定部分有传统净现值法评估，未来投资机会价值由二项式期权法来求，所以，可以

[①] BULL Q. C. K. When to Terminate a Technological Innovation Project [M]. Lexington, MA: Lexington Books, 1989: 124.

得到 HNTVE 评估价值 V 为：

$$\text{HNTVE 价值 } V = \text{常规的 NPV} + \text{期权价值 } F \qquad (5-7)$$

第二节 基于多期二项式树法的高新技术虚拟企业价值评估模型

前一节，我们对单期二项式树法进行分析，建立了单一模式虚拟型 HNTVE 价值评估模型。从前面对双组合虚拟型 HNTVE 和全组合虚拟型 HNTVE 的期权特性分析来看，前者属于两期二项式树图，后者属于三期二项式树图，故它们可以进行统一分析，其分析过程为：设在开始点 F 对关键事件 1 进行投资 I_1，如果事件 1 成功则项目收益为 E_1^+，且概率为 q_1，否则其收益为 E_1^-；一旦事件 1 成功，则有机会进入下一阶段关键事件 2 的投资，投资额为 I_2，事件 2 以 q_2 的概率取得成功，并获得收益 E_2^+，否则其收益为 E_2^-；同理，如果事件 2 成功，则有机会进入下一阶段以 I_3 对关键事件 3 进行投资，事件 3 成功的概率 q_3 并取得收益 E_3^+，否则以 $(1-q_3)$ 概率失败获得收益 E_3^-，如图 5-1 所示。

使用二项式树期权定价模型评估 HNTVE 价值的步骤如下：

第一步：确定二项式期权树中各位置的变量，如图 5-1 所示。

第二步：计算出项目中每期实际成功概率 q_i（$i=1, 2, 3$）。

这个实际成功概率要根据 HNTVE 所处的产品价值链环节和行业特征来确定。可以根据调查研究和历史数据综合统计出每期中每个事件成功的实际概率，比如，组建智能手机企业 HNTVE，因为该虚拟企业属于通信业，那么通信业的研发成功率，可以通过通信业的行业研究报告估计，这可以作为虚拟研发阶段进行产品研发的实际成功概率。同理，对该虚拟企业虚拟生产的实际成功率，可以根据整个行业的制造加工水平和本虚拟企业中各组成成员的实际生产条件和加工能力进行估计。对于虚拟营销阶段的实际成功概率也同样根据该虚拟企业中各组成企业的营销策略、渠道和营销团队等客观条件以及该产品所处生命周期阶段来确定。

第三步：估计每阶段资产价格的波动率 σ。

前一章，我们已经对高新技术虚拟企业的综合风险进行了评估。由于 HNTVE 虚拟的内容不同，要根据产品价值链所处环节的虚拟形式分别计算每环节的总风险系数，从而求出每阶段资产价格的波动率。例如前向虚拟型包括了两个阶段，即虚拟研发阶段和虚拟生产阶段，故需要分别求解这两个阶段的不同波动率。具体求解过程见上一章，以某个阶段的总风险系数进行估计来代替本阶段的波动率。

第四步：求风险中性概率 p_i（$i=1, 2, 3$）

根据风险中性的概率和定义[①]可知，每阶段的风险中性的概率是不同的，但都是通过无风险套利对该阶段的投资机会进行一个无风险套利证券组合来求解，如何进行证券资产组合，详细过程及具体求解见上节单期二项式树法中风险中性概率的求解。假设第三步已经求出了每阶段资产价格的波动率 σ_i，则根据状态价格定价技术和风险中性假设[②]有

$$u_i = e^{\sigma\sqrt{t_i}} \tag{5-8}$$

$$d_i = e^{-\sigma\sqrt{t_i}} \tag{5-9}$$

$$p_i = \frac{(1+r) - d_i}{u_i - d_i} \tag{5-10}$$

[①] BULL Q. C. K. When to Terminate a Technological Innovation Project [M]. Lexington, MA: Lexington Books, 1989: 124.
[②] BULL Q. C. K. When to Terminate a Technological Innovation Project [M]. Lexington, MA: Lexington Books, 1989: 145.

第五步：使用风险中性概率 p_i 和无风险利率 r，根据第三步求出的各节点 HNTVE 价值折现，逆推求出每个节点处的 HNTVE 价值 V_i，并相应减去每阶段的投资成本，最终求出开始节点处的 V_1，即为所求的 HNTVE 价值。

从第三段 C 点开始，求出每点处虚拟企业未来预期现金流现值 E_i：

$$E_i = \frac{E_i^+ \times q_i + E_i^- \times (1-q_i)}{(1+r')^{t_i}} - I_i \tag{5-11}$$

然后逆推出其他个点处的虚拟企业的净现值，最后得出 HNTVE 价值 V

$$\text{HNTVE 价值 } V = \bar{V}_1 - I_0 \tag{5-12}$$

其中：

$$\bar{V}_1 = \frac{(1-p_1)E_1^-}{(1+r)^{t_1}} + \frac{p_1(1-p_2)E_2^-}{(1+r)^{t_1+t_2}} + \frac{p_1 p_2 (1-p_3) E_3^-}{(1+r)^{t_1+t_2+t_3}} + \frac{p_1 p_2 p_3 E_3^+}{(1+r)^{t_1+t_2+t_3}} \tag{5-13}$$

$$I_0 = I_1 + \frac{p_1 I_2}{(1+r)^{t_1}} + \frac{p_1 p_2 I_3}{(1+r)^{t_1+t_2}} \tag{5-14}$$

第三节 基于 B-S 的高新技术虚拟企业价值评估模型

设在风险中性世界中 HNTVE 价值 $V(t)$（相当于金融市场中的股票价值）遵循如下随机微分方程

$$\frac{dV}{V} = \alpha dt + \sigma dz_V \tag{5-15}$$

其中 α 表示 HNTVE 价值 V 的瞬时期望收益率,因在风险中性假设下该瞬时期望收益率均为无风险利率,即恒有 $\alpha=r$;σ 表示 HNTVE 投资成本 I 的波动率;dz_V 为标准维拉过程增量。虚拟生产项目的投资机会类似于一个欧式看涨期权,其到期时(新产品生产获得成功之时)的执行价格为进行虚拟生产的投资成本 $I(t)$,标的物为通过虚拟生产获得的 HNTVE 价值 $V(t)$,T 为距期权到期日的时间,r 为无风险利率。设该投资机会的价值即组建 HNTVE 的期权价值是 HNTVE 项目价值 V 和到期期限 t 的函数,表示为 $F(V,t)$,根据期权定价理论,$F(V,t)$ 满足以下微分方程:

$$\frac{1}{2}\frac{\partial^2 F}{\partial V^2}\sigma^2 V^2 + r\frac{\partial F}{\partial V}V + \frac{\partial F}{\partial t} = rF \tag{5-16}$$

这个偏微分方程必须要在边界条件下求解,它可以表达为买入期权在到期日 t^* 的价值:

$$F_{t^*} = E[\max(V_{t^*} - I, 0)] \tag{5-17}$$

为了在边界条件(5-17)下解这一微分方程,做下列变换:

$$F(V,t) = e^{r(t-t^*)}y\left\{\frac{2}{\sigma^2}(r-\frac{1}{2}\sigma^2)[\ln\frac{V}{I} - (r-\frac{1}{2}\sigma^2)(t-t^*)]\right.$$

$$\left. - \frac{2(t-t^*)}{\sigma^2}(r-\frac{1}{2}\sigma^2)^2\right\} \tag{5-18}$$

利用这一代换,微分方程可以变为

$$\frac{\partial y}{\partial t} = \frac{\partial^2 y}{\partial S^2} \tag{5-19}$$

边界条件(5-17)可以重新记为

$$y(u,0) = \begin{cases} 0 & u < 0 \\ I[\exp(\frac{-0.5u\sigma^2}{r-0.5\sigma^2}) - 1] & \text{others} \end{cases} \tag{5-20}$$

式（5-19）的解是在丘吉尔（Churchill，1963）中的热传导方程的解

$$y(u, V) = \frac{1}{\sqrt{2\pi}} \int_{-u/\sqrt{2}V}^{\infty} I\left[\exp\left(\frac{-0.5u\sigma^2}{r - 0.5\sigma^2}\right) - 1\right] \exp\left(-\frac{q^2}{2}\right) dq$$

(5-21)

把式（5-21）代入式（5-18），就可以得到虚拟生产型 HNTVE 的期权值 F 为

$$F = VN(d_1) - I_2 e^{-rt} N(d_2) \qquad (5-22)$$

其中：$d_1 = \dfrac{\ln \dfrac{V}{I_2} + (r + \dfrac{1}{2}\sigma^2)T}{\sigma\sqrt{T}}$，$d_2 = d_1 - \sigma\sqrt{T}$

F 为组建虚拟生产型 HNTVE 进行投资而获得的期权值；V 为公司未来的预期现金流现值；I 为投资成本；r 为无风险利率；T 为距期权到期日的时间，σ 为标的资产收益的波动率。

从前面的分析可知虚拟生产型高新技术虚拟企业的价值实际上是由两部分组成，即确定性部分价值和不确定性部分价值（灵活性价值）。而确定性部分价值可由传统的净现值法计算出（常规的 NPV_{DCF}），不确定性部分价值就是由实物期权方法计算出（期权价值 F）。这样，HNTVE 价值公式为

$$\text{HNTVE 价值} = \text{常规的 } NPV_{DCF} + \text{期权价值 } F \qquad (5-23)$$

第四节 基于复合期权的高新技术虚拟企业价值评估模型

一、高新技术虚拟企业价值复合期权性

由图4-4全组合虚拟型三阶段高新技术虚拟企业投资决策过程树图可以看出，这种模式的虚拟企业投资过程分为三个不同阶段，即虚拟研发阶段、虚拟生产阶段和虚拟营销阶段，整个过程包含两个期权，但这个过程的期权值并不是这两个期权价值简单相加。因为对于一系列期权（两个或两个以上）来讲，后续期权的存在会有效地提高前面期权的标的资产价值。另外，前面一个实物期权的执行可能改变标的资产（如扩展、收缩或延迟、解体等），从而改变后续期权的价值，这是一个复合期权的问题，是对多个实物期权的组合，而不是简单相加。如全组合虚拟型三阶段模型中虚拟研发阶段的投资 I_1 相当于购买了虚拟研发阶段的期权，如果虚拟研发阶段的 R&D 取得成功，就进行下一阶段虚拟生产阶段，则虚拟生产阶段的投资 I_2 相当于购买了虚拟营销阶段的期权。而在虚拟生产阶段成功后进行下一阶段，相当于执行虚拟营销阶段的期权，同时该期权的存在又会反过来有效地提高前面虚拟生产阶段期权的标的资产价值。因而此时不能将它视为两个期权的简单相加，而应该使用复合期权模型来进行评价。

二、高新技术虚拟企业复合期权价值求解

假设在 $t_0 = 0$ 时刻，通过虚拟研发阶段 R&D 的投资 I_1 将有可能获得

虚拟生产阶段投资的机会，从而形成了第一个普通欧式看涨期权，其到期时间是 $t(t_1 - t_0)$，执行价格是在虚拟生产阶段所需的投资 I_2，如果在 t_1 时刻第一个期权被执行，即虚拟生产阶段的投资成功了，这将获得在 t_2 时刻进行虚拟营销阶段的投资机会，从而形成了第二个欧式看涨期权，其到期时间是 $t_2 - t_1$，执行价格是进行虚拟营销阶段的投资 I_3。由于这里存在两个欧式看涨期权，且第一个期权导致了第二个期权的产生，所以它是一个复合期权。如图4-5所示。

第二个期权的期权值可以由 B-S 模型求解。

有关复合期权的计算，理论上有多种方法。普遍认为较为权威的是盖斯克模型[①]。假设全组合虚拟型高新技术虚拟企业的价值遵循一般的几何布朗运动，即在 $t \in [0, t_2]$ 时间区间内，项目的期望价值的变动过程为

$$dF = uFdt + \sigma Fdz \quad (5-24)$$

其中：dz 为标准维纳过程，服从均值为0，方差为 dt 的正态分布，反映虚拟企业期望现金流收益率的波动率。u 是变量 F 的漂移率，σ 描述项目不确定性的波动率。

运用 Itô 引理，复合期权的动态过程为

$$dC = (\frac{\partial C}{\partial t})dt + (\frac{\partial C}{\partial F})dF + \frac{1}{2}(\frac{\partial^2 C}{\partial F^2})F^2\sigma^2 dt \quad (5-25)$$

根据默顿（1973），构建一个包含 HNTVE 公司价值 F、买入期权 C 和无风险资产3种证券组成的无风险对冲组合 H。如果 dH 是该对冲组合的瞬时收益，那么有：

[①] GESKE R. The Valuation of Corporate Liabilities as Compound Options [J]. Journal of Financial and Quantitative Analysis, 1977 (12): 544.

$$dH = n_1 \frac{dF}{F} + n_2 \frac{dC}{C} + rn_3 dt \qquad (5-26)$$

其中：n_i 项对应组合的权重。

把公司价值 V 和买入期权 C 的随机收益代入，并选择使得对应 F 的维纳项为零，导致 $dH = 0$。化简就得到熟悉的偏微分方程

$$\frac{\partial C}{\partial t} = rC - rF\left(\frac{\partial C}{\partial F}\right) - \frac{1}{2}\left(\frac{\partial^2 C}{\partial F^2}\right)F^2\sigma^2 \qquad (5-27)$$

由于在期满日 t^* 买入期权的价值为

$$C_{t^*} = \max(S_{t^*} - I_2, 0) \qquad (5-28)$$

注意从式（5-27）可以看出决定期权价值的变量不是 S 而是 F。然而，因为虚拟生产型企业标的物 S 是 F 的期权，它遵循相关的扩散过程，故其动态过程为

$$\frac{\partial S}{\partial t} = rS - rF\left(\frac{\partial S}{\partial F}\right) - \frac{1}{2}\left(\frac{\partial^2 S}{\partial F^2}\right)F^2\sigma^2 \qquad (5-29)$$

这一方程处于边界条件下 $S_T = \max[0, F_T - I_3]$ 的解与 B-S 方程解的形式类似：

$$S = FN(b + \sigma\sqrt{T}) - I_3 e^{-rT} N(b) \qquad (5-30)$$

在买入期权的期满日，是否执行该期权将取决于 S 和 I_2 之间的关系，当 $t = t^*$ 时，如果第二个期权价值 F_C 使得虚拟生产型 HNTVE 期权的拥有者在执行与不执行此期权之间无差别，则它是积分方程 $S_{t^*} - I_2 = 0$ 的解，S_{t^*} 由式（5-30）给出。

给定式（5-27）和式（5-29）及其边界条件，可以得出其复合期权值为

$$C = F e^{-rT} N_2(a + \sigma\sqrt{t}, b + \sigma\sqrt{t}; \rho)$$
$$- I_3 e^{-rT} N_2(a, b; \rho) - I_2 e^{-rt} N(a) \qquad (5-31)$$

其中：
$$a = [\ln(F/F_c) + (r - \frac{1}{2}\sigma^2)t]/(\sigma\sqrt{t}) \quad (5-32)$$

$$b = [\ln(\frac{F}{I_3}) + (r - \frac{1}{2}\sigma^2)T]/(\sigma\sqrt{T}) \quad (5-33)$$

$$\rho = \sqrt{\frac{t}{T}} \quad (5-34)$$

$N_2(a_1, b_1; \rho)$——标准二维正态分布的累计概率函数，a_1，b_1为上积分的极限，ρ为相关系数。

$N(a_2)$——单维正态分布的累计概率函数。

F——t_2时刻高新技术虚拟企业虚拟营销投资后产生的未来现金流量现值。

F_c——第二个期权价值，等于第一个期权交割价格时项目的价值，可利用 Black-Scholes 模型计算。

σ——描述虚拟企业收益不确定性的波动率，可根据成员企业的历史收益率的波动来求，本书通过模糊综合评判法求出的虚拟企业的综合风险系数来代替该波动率。

r——投资的无风险利率。

t——第一期权到期的时间，$t=t_1-t_0$。

T——整个复合期权到期的时间，$T=t_2-t_0$。

第五节　应用分析

前一节，我们对高新技术虚拟企业可能用到的各种方法进行了相应建模，下面为了选择一个最佳评估模型，我们分别从单一模式虚拟型、

<<< 第五章 基于不同方法的高新技术虚拟企业价值评估模型及应用

双组合虚拟型和全组合虚拟型各选一个典型的实例进行价值评估,这里我们分别选择了虚拟生产型 HNTVE、前向虚拟型 HNTVE 和全组合虚拟型 HNTVE。

一、虚拟生产型高新技术虚拟企业价值评估——案例 1

单一模式虚拟型高新技术虚拟企业有:虚拟研发型高新技术虚拟企业、虚拟生产型高新技术虚拟企业和虚拟营销型高新技术虚拟企业。这里,我们以虚拟生产型高新技术虚拟企业价值——东软集团为例进行评估,单一虚拟模式中其他类型可进行类似分析。

(一) 案例背景及分析[①]

东软集团股份有限公司(简称东软集团)1993 年成立于沈阳,是以为国家信息化建设提供全面解决方案为核心业务,是集软件研发、医学影像设备生产、IT 教育与培训、软件风险投资、顾问咨询与服务于一体的高科技企业,是我国最优秀的软件企业之一,也是中国第一家上市的软件企业。2010 年,公司成为新认定方法下的首批"国家火炬计划重点高新技术企业"。

东软集团作为一家软件企业能够成功成为一家在世界都有一定影响的高新技术业,关键是采用虚拟生产模式。

1. 虚拟生产的必要性

数字医疗设备产业是 21 世纪最具发展前景和活力的高科技产业之一。数字医疗设备是指数据采集、处理、存储与传输过程均以计算机技术为基础,在计算机软件支持下工作的医疗设备,是生命科学和工程学

---

① 杜晓君. 虚拟制造:中国制造业企业可供选择的发展途径——基于东软集团有限公司的案例研究 [J]. 管理世界, 2004 (2): 117—126.

的理论、方法、手段有机结合的产物，其核心技术是嵌入式软件技术。数字医疗设备是计算机信息技术与精密机械制造技术相融合的结晶，是软、硬件的有机统一。因为与其他传统制造产品相比，数字医疗设备产品具有更高的附加值和利润空间，因而，数字医疗设备是世界各国极力发展的战略产业。

东软集团依托于东北大学强大的研发团队和一流的实验条件，使其早期研制全身CT扫描机时，就具备了该产品的核心技术及设计能力，但没有相应的生产制造能力，要想仅凭东软集团自身的经济实力实现规模化、产业化，几乎是不可能的。因为按照传统企业发展模式，自建精密机械制造厂，需要投入巨资购买设备、建厂房，这样不仅投入大，而且建成一条体系完整的生产线，是个很漫长的过程，当然在竞争不激烈、市场环境相对稳定的情况下，实行这种自行制造模式可能是可行的。但在消费者需求多样化、个性化及企业竞争加剧的情况下，企业仅靠自身力量很难抓住快速变化的市场机会。东软集团在综合考虑各方面条件后，结合企业自身优势，采取了借助外部资源的虚拟生产模式，以提高企业核心竞争力，获取竞争优势。东软集团实行虚拟生产模式，主要是由低成本战略和数字医疗设备制造系统的柔性特性决定的。

（1）低成本战略

当时数字医疗设备已处于英、美、日等发达国家企业的垄断之下，东软集团作为数字医疗设备领域的"后来者"与"追随者"，要想从先期进入市场的强大竞争者手中夺取一定的市场份额，只能进行价格竞争。所以，东软集团采取低成本战略是打破数字医疗设备领域垄断格局、获取市场份额的重要因素。但如果由自己投资建立高精尖的现代化制造系统，并培训熟练的技术工人，这样必定会增大东软集团经营成本，使企业丧失价格竞争力。而将自己最短板的生产环节由其他有核心竞争力的企业来完成，实行虚拟生产模式，可以降低企业经营成本和风险。

（2）数字医疗设备的制造柔性

所谓柔性，是指数字医疗设备制造系统为了达到客户不断变化的需求而要求其应具备的变化能力。数字医疗设备产品作为高精尖产品，对加工制造精度要求相当高，制造技术具有复杂性和多样性。同时，客户需求的个性化、多样性也对数字医疗设备刚性技术和相关设备提出了更高要求和挑战。如果仅选择成熟的常规制造技术，很难满足数字医疗设备产品结构的复杂性及品种的多样性、制造过程的多层次性要求，这样做的结果不仅浪费资源，也必然影响产品的最佳入市时机，贻误稍纵即逝的商机；如果采用先进制造技术，必定加大投入，而市场变幻莫测，技术更新速度加快，很难跟上市场的步伐，势必浪费资源，付出不必要的代价。因此，数字医疗设备制造系统的柔性要求东软集团只能借助外部资源来满足自身的需求。

综合考虑以上因素，东软集团决定采取虚拟生产方式，通过借助外部资源，与其他企业进行合作。东软集团在生产方面，无须投资建厂购买设备和聘请工人，只负责CT机等数字医疗设备计算机软件技术和产品的市场营销。

2. 虚拟生产方式的内涵

虚拟生产使得东软集团在极短时间内取得了突破，并在由外资企业完全垄断的数字医疗设备市场站稳了脚跟。东软集团虚拟生产的实质就是在整个产业价值链中重新整合资源，数字医疗设备产品价值链包括研发设计、制造、营销等环节，而东软集团在产品制造方面没有优势，但研发设计与营销有自己的核心能力，所以采取"两头在内、中间在外"的虚拟生产模式，使整合生产制造资源，重构传统价值链以提升产品市场竞争力。重构产品价值链的第一步是对价值链进行"分解",即将价值链中没有核心能力的生产制造分拆出去;第二步是"整合",即整合价值链中外部具有核心能力的专业化制造资源,降低生产成本,充分发挥东软集团自身核心能力和增强企业对外部环境的应变能力。

"中间在外"中的"中间"是指产品价值链的中端——数字医疗设备产品的零部件制造,整个生产环节是东软集团最薄弱的地方,只好将这一中间环节进行虚拟化,一律外包给专业化非常高的机械制造企业生产。这样的虚拟生产模式,使东软集团无须建厂房、购买制造设备,不拥有生产工人,只负责数字医疗设备产品的"心脏"——计算机软件开发、"全身"整机组装调试和销售。

(二) 东软集团高新技术虚拟企业价值定价分析

通过上面的分析,我们知道对于东软集团来说,将生产环节虚拟是最佳选择,其是一家典型的虚拟生产型高新技术虚拟企业。根据前面对虚拟生产型高新技术虚拟企业的期权特性的分析,可知,此类虚拟型高新技术虚拟企业价值评估方法可以选用传统净现值法、简单二项式树法和 B-S 法。为了选择合适的价值评估方法,我们分别用以上三种方法对东软集团组建的高新技术虚拟企业价值进行评估,最后以价值最大为优作为选择原则,进行比较,确定其价值。

1. 相关原始数据[①]

东软集团是一家上市公司,故有些数据可以从公开信息获取。现假设 1998 年东软集团开始将 CT 扫描项目的生产环节进行虚拟化,由其他专业化比较高的企业来进行生产,从公开资料来看,1998 年东软共投

---

① 本书以 2013 年齐鲁证券相关数据为例进行示例说明。

<<< 第五章 基于不同方法的高新技术虚拟企业价值评估模型及应用

资了 20827 万元（表 5-1），进行 CT 扫描项目和东大阿尔派软件开发中心建设，其中已经包括了虚拟合作费用，这次虚拟生产投资使得东软集团拥有继续投资进入营销阶段的投资机会，假设虚拟生产成功的概率为70%，则失败的概率为 30%。

表 5-1 1997 年东软集团项目投资情况表

项目名称	时间	金额（万元）
国家火炬软件产业基地暨东大阿尔派软件开发中心	1997-12	15052
全身 CT 扫描机项目	1997-12	5775

（数据来源：齐鲁证券网上交易系统—东软集团—公司资讯，2013 年）

为了对东软集团价值进行评估，现对相关数据及参数进行估计，具体如下：

1998—2011 年，该公司现金流量净额和总资产收益率等指标数据详见表 5-2。

表 5-2 东软集团现金流量净额及资产收益率情况表

年份	现金流量净额（万元）	总资产收益率（%）
2011	30019.66	5.344
2010	38188.95	7.396
2009	77256.45	10.486
2008	73236.04	8.445
2007	44879.53	7.854
2006	30465.53	3.32
2005	21069.3	2.588
2004	15940.16	14.821
2003	8917.65	2.952
2002	2219.63	3.454

续表

年份	现金流量净额（万元）	总资产收益率（%）
2001	7402.33	5.128
2000	6584.03	8.703

（数据来源：齐鲁证券网上交易系统—东软集团—公司资讯，2013年）

2. 有关参数值的确定

根据东软集团相关公开数据及行业发展水平等资料，可以求出相关参数值，具体如下：

（1）贴现率 r'

通常由公司股票的贝塔系数和应用资本资金定价模型（CAPM）来估计，其计算公式为：$r' = r + \beta[E(R_m) - r_f]$ 其中：r 为无风险利率，$E(R_m)$ 为市场的预期收益率，β 为企业股票的贝塔系数。本书以 2000—2011 年为考察期，综合求出 14 年间的平均值作为东软集团的贝塔系数，$\beta_{东软} = 1.3$。同理，以这 14 间的我国三年一期型国债平均利率作为无风险利率，即 $r = 4.3\%$，东软集团属于信息服务业，市场给予其预期收益率为 20%，根据公式就可以得到出贴现率 $r' = 25\%$，则 $k = 1 + 0.25 = 1.25$。

（2）时间 T

为2年，即假设从1997年12月开始进行全身CT扫描机项目，直到1999年进行嵌入式软件与数字化工程（投资期1年）等项目的投资，其间共需要2年完成，故假设 $T = 2$ 年。

（3）公司现金流现值 V

根据表5-2历年现金流量静额，本书以1997年为基础年，以 $k = 1.25$ 为折现率，2000年开始产生现金流，将历年现金流进行折现，并假定该CT产品以2011年的水平持续保持10年的经济寿命，这样使用

2012年的等额序列的现值公式求得需要的总价值 $V_{2012} = V_{2011}$（P/A，4.3%，10）= 30019.16（P/A，4.3%，10）= 239886.4（万元）。自2000年来所有现金流折现到2000年时的折现值为

$$V = \sum_{i=1}^{12} \frac{V_i}{(1+r')^i} + \frac{V_{2012}}{(1+r')^{13}}$$

$$= \frac{6584.03}{1.25} + \cdots + \frac{30019.16}{1.25^{12}} + \frac{239886.4}{1.25^{13}}$$

$$= 62927（万元）$$

投资额 $I_1 = 5775 + 15052 = 20827$（万元）。

(4) 资产价格波动率 σ

根据东软集团 HNTVE 的市场风险、技术风险和合作风险各组成因素，分别就各因素处于不同评价程度的关系制成对应表，在技术、生产和营销三方面各选择4名专家共12人，进行德尔菲法问卷调查，最后应用模糊综合评判法，计算出技术风险系数、市场风险系数和合作风险系数分别为 $F_T = 0.1248$，$F_M = 0.2643$，$F_C = 0.3011$，代入综合风险系数式(4-7)，可得波动率 σ

$$\sigma = 1 - (1-0.1248)(1-0.2643)(1-0.3011) = 0.55$$

$\sigma = 0.55$ 就作为东软集团资产价值的波动率。

(5) 中性概率 p_1

根据式（5-8）~（5-10），可以求出中性概率：

$$p_1 = \frac{(1+r) - d}{u - d} = 0.48$$

(6) HNTVE 解体残值 E_i^-

本实例属于单一模式虚拟型 HNTVE，根据东软集团的相关数据，对虚拟生产解体时虚拟企业的资产残值进行评估，设为 $E_1^- = 5000$ 万元。

(三) 东软集团 HNTVE 价值评估

根据前面对东软集团的分析,知道其为一家虚拟生产型 HNTVE,而对于虚拟生产型 HNTVE,可以选用传统价值法、简单二项式树法和 B-S 法三种方法对其价值进行评估,下面分别就这三种方法进行价值评估,评估模型已经在前面建立好了,故下面直接运用相关模型进行价值评估。为了便于后面计算分析,我们对东软集团组建 HNTVE 的过程进行简单描述。

1998 年东软集团投资 $I_1 = 20827$ 万元对 CT 扫描项目的生产环节进行虚拟化,组建高新技术虚拟企业,假设虚拟生产成功的概率 q_1 为 70%,则失败的概率 $(1-q_1)$ 为 30%;无风险利率 $r = 4.3\%$;贴现率 $r' = 0.25$;高新技术虚拟企业存活时间 $T = 2$(年);根据表 5-2 历年现金流量数据,将历年现金流进行折现到 2000 年,可以计算出该 HNTVE 未来现金流现值为 62927 万元;资产价格的波动率 $\sigma = 0.55$。

下面,我们分别以传统净现值法、B-S 模型和简单二项式树法对东软集团组建的高新技术虚拟企业价值进行评估。

1. 基于传统净现值法的东软集团 HNTVE 价值评估

根据传统净现值法,可以得出 1997 年末时东软集团 CT 项目 HNTVE 价值为

$$\text{常规的 NPV}_{DCF} = \text{NPV}_{DCF} = \frac{q_1 V + (1-q_1)(E_1^-)}{(1+r')^2} - I_1$$

$$= \frac{0.7 \times 62927 + 0.3 \times 5000}{1.25^2} - 20827$$

$$= 8324 \text{(万元)}$$

2. 基于 B-S 模型的东软集团 HNTVE 价值评估

东软集团以初始投资额 $I_1 = 20827$ 万元进行虚拟生产组建虚拟生产型 HNTVE，使得企业拥有一个进行营销并商业化的看涨期权，该期权的执行价格就是初始投资成本 I_1，期权标的物为通过虚拟生产获得的未来所有现金流价值 V，距期权到期时间为虚拟企业存活期时间 T。将以上数据代入以下公式，可以得出

$$d_1 = \frac{\ln\frac{V}{I} + (r + \frac{1}{2}\sigma^2)T}{\sigma\sqrt{T}}$$

$$= \frac{\ln\frac{62927}{20827} + (0.043 + 0.5 \times 0.55^2) \times 2}{0.55\sqrt{2}}$$

$$= 1.921$$

$d_2 = d_1 - \sigma\sqrt{T} = 1.921 - 0.55 * 1.414 = 1.1433$

查表可得 $N(d_1) = N(1.921) = 0.9726$

$N(d_2) = N(1.1433) = 0.8786$

将上面相关数据带入式（5-22），可以得到

$$F = VN(d_1) - Ie^{-rT}N(d_2)$$

$$= 62927 \times 0.9726 - 20827 \times e^{-0.043 \times 2} \times 0.8786$$

$$= 44412（万元）$$

根据式（5-23）可以计算出东软集团的 CT 项目 HNTVE 价值为：

CT 项目 HNTVE 价值 = 常规的 NPV_{DCF} + 期权价值 F

$$= 8324 + 44412$$

$$= 52736（万元）$$

3. 基于简单二项式树法的东软集团 HNTVE 价值评估

根据前面的分析，虚拟生产型 HNTVE 可以使用单期二项式树法进行分析，假设 $E_1^- = 5000$（万元），$E_1^+ = V = 62927$（万元），$I_0 = I_1 = 20827$，$r = 4.3\%$，$r' = 0.25$，$t_1 = T = 2$。

根据式（5-3）、式（5-4），可以求出 1997 年末时东软集团 CT 项目组建的 HNTVE 价值为

$$\text{HNTVE 价值 } V = \frac{(1-P_1)E_1^- + P_1 E_1^+}{(1+r)^{t_1}} - I_1$$

$$= \frac{0.52 \times 5000 + 0.48 \times 62927}{1.043^2} - 20827$$

$$= 9907 \text{（万元）}$$

4. 结果比较

上面通过三种方法构建相应评估模型，其结果分别是：

使用传统净现值法得到 HNTVE 价值 = 8324（万元）

使用 B-S 模型得到 HNTVE 价值 = 52736（万元）

使用简单二项式树法得到 HNTVE 价值 = 9907（万元）

根据价值最大化原则，以 B-S 模型得到的东软集团 CT 项目 HNTVE 价值为 52736 万元为最后结果，即东软集团 CT 项目高新技术虚拟企业价值为 52736 万元。

结论：

①东软集团 CT 项目 HNTVE 价值为 52736 万元。

②用传统净现值法评估虚拟生产型 HNTVE 价值，会严重低估企业价值。

③虚拟生产型 HNTVE 企业价值具有比较高的期权值，需要注意的是 52736 万元不等于东软集团的全部价值，这只是为了生产 CT 扫描机

<<< 第五章 基于不同方法的高新技术虚拟企业价值评估模型及应用

项目而组成虚拟生产型高新技术虚拟企业的价值,而不是整个公司的价值,是两个不同的概念。

④对于本例的虚拟生产型 HNTVE 价值评估方法选用 B-S 模型为最佳。

二、前向虚拟型高新技术虚拟企业价值评估——案例2

(一)案例背景

随着信息技术的高速发展,手机的功能由最初只供打电话和发送短信,到目前功能越来越广,手机不但可以打电话、发短信,还可以照相、上网、游戏、看电影以及拍视频等,手机的发展有取代电脑等IT工具之势,这就是智能手机的市场机遇。2007 年苹果首次发行 iPhone 智能手机,并实现上市首周销售突破 50 万部,成为最热手机。自此以后,智能手机的发展超出常人的想象速度。对市场机遇反应过慢的企业将会被淘汰,例如传统手机中市场占有率第一的诺基亚手机,在智能手机时代只能面临破产的命运。智能手机各项技术更新飞快,未来的手机就是软件、硬件和互联网结合的趋势,但怎样结合,如何发展,没有人知道,所以,智能手机对所有人来说是一个千载难逢的历史机遇,如果抓住了,企业就会获得丰厚的回报,否则会被市场无情地抛弃。

雷军创立小米科技就是想抓住智能手机这个稍纵即逝的市场机会。对于小米科技的有关背景,在本书的前面有简单的介绍。小米科技成立的时间极短,正式进军智能手机市场的时间是 2011 年 7 月 28 日。在成立不足两年的短短时间内,2012 年小米科技创下了年销售额 100 亿、利润 2 亿美元的超凡战绩①。

---

① 说说小米的 100 亿销售额和 2 亿美元利润剖析 [EB/OL].中文业界资讯站,2012-12-19.

当初，通过对手机市场的详细调查与思考，雷军对于移动互联网和手机行业的判断更加清晰了。他总结了六大趋势，并且在后来很长一段时间里当作创业教材反复宣讲：手机电脑化、手机互联网化、手机公司全能化、颠覆性设计、要做能打电话的手机、手机要做出爱恨情仇。在这六大趋势的基础上，从一开始，雷军就描绘了一张大致的前进蓝图：搭建一个融合谷歌、微软、摩托罗拉和金山的专业团队；先做移动互联网，至少一年之后再做手机；用互联网的方式做研发，培养粉丝，塑造品牌形象；手机坚持做顶级配置并强调性价比；手机销售不走线下，在网上销售；在商业模式上，不以手机盈利，借鉴互联网的商业模式，以品牌和口碑积累人群，把手机变成渠道。

小米科技的成功归功于它采取虚拟研发和虚拟生产双组合模式，其中屏幕由夏普公司提供，处理器由高通公司提供，开模具服务由富士康公司提供，代工生产由英华达公司提供。智能手机的硬件技术已经比较成熟，小米科技的研发主要集中在软件开发上，而在公司刚成立时，只有10多名员工，虽然这些人大多来自微软、谷歌、摩托罗拉、金山等著名公司，但智能手机是一个复杂的系统工程，需要精通软件、硬件方面的技术，而完全依靠小米科技自己的员工进行研发、设计，几乎是不可能完成的，即使等企业自己开发出了自认为新的新技术，实际上已经过时了，所以硬件方面小米科技只有采取虚拟研发模式借助外部资源进行相关技术的开发，包括购买专利技术，同样，在软件方面，由于小米科技员工少，借助了第三方公司和民间人才进行虚拟研发，开发各种软件，并且每周升级一次。

同样，小米科技也不可能自己进行生产、组装智能手机。因为生产线的投资巨大，对产品的加工精度要求高，自己没有熟练的技术人员和工人，所以，小米科技只能借助外部资源组织生产，英华达、富士康都是进行虚拟生产的合作企业。

小米科技在研发和生产方面没有自己的核心能力,但是在销售方面具有自己的核心竞争力。原来小米科技在正式推出智能手机之前,已经培育了大量的潜在消费者,并探索出了公司最佳的营销模式。所以,小米科技属于典型的前向虚拟型高新技术虚拟企业。

(二)小米科技 HNTVE 价值定价分析

通过上面小米科技的分析以及前面对前向虚拟型 HNTVE 的期权特性,可知,小米科技是属于前向虚拟型 HNTVE,而对于前向虚拟型 HNTVE 价值评估可以选用传统价值法、两期二项式树法和复合期权模型。下面先确定相关数据及参数值,然后再进行评估。

1. 投资过程简述[①]

通过前面的分析,前向虚拟型高新技术虚拟企业是一个两阶段投资决策过程。由于小米科技成立时间短,又不是上市公司,很难获得其真实数据,但是从媒体公布的信息来看,还是可以获得很多重要数据。经整理大量媒体信息,大体可知小米科技的一些重要数据如下,例如:"2012 年第二季度小米向高通支付了将近一亿美金的芯片和专利费""到 2012 年底总融资额 1.31 亿美元""小米第一代产品卖出了 382 万部[②]""小米自己给出了两个硬数字:一代手机销量超过 350 万台,公司估值逾 40 亿""雷军在接受采访的时候,提到了小米的盈利情况,基本数字是 2012 年 700 万台销量,100 亿销售额,2 亿美元利润[③]"等

[①] 为了更方便说明本方法的使用,本书以小米科技 2013 年的数据进行示例分析。
[②] 刘佳,徐洁云. 小米第二季:雷军的生态圈企图 [N]. 第一财经日报,2012-8-23 (8).
[③] 曾宣超. 雷军讲述小米背后的故事:曾给出天价数字买入场券 [J]. 环球企业家,2012 (8):21.

等。对调查收集的数据进行整理,并做一些适当的假设。在智能手机出现后,小米科技看到了其巨大的市场发展机遇,经过对手机技术的未来发展预测、全球消费者市场以及竞争对手的调查后,决定进军智能手机市场,开发自己的智能手机产品。假设初期投资 $I_1 = 30000$ 万元进行虚拟研发,如果 R&D 成功,将再投入 $I_2 = 60000$ 万元进行虚拟生产并商业化投资,假设公司估计虚拟研发阶段 R&D 成果有 70% 的机会成功,就做出下一步虚拟生产投资决策;虚拟生产有 60% 的成功就投资 $I_3 = 50000$ 万元进行产品营销与商业化。

2. 相关参数值的确定

根据小米科技的公开报道资料及预测,我们确定相关参数值如下:

(1) 年均项目总价值 V_{AB}

来自小米手机的年均项目总价值为 $V_{AB} = 150000$ 万元,其依据是 2012 年小米的利润约为 2 亿美元,折算为人民币约 150000 万元;

(2) 波动率 σ

本书用 HNTVE 的综合风险系数代替资产价格变动的波动率。根据智能手机在组建虚拟研发和虚拟生产两个阶段中存在的市场风险、技术风险和合作风险各组成因素,分别就各因素处于不同评价程度的关系制成对应表,在技术、生产和营销三方面各选择 4 名专家共 12 人,进行德尔菲法问卷调查,最后应用模糊综合评判法,计算虚拟研发阶段和虚拟生产阶段的综合风险系数分别为 $\sigma_1 = 0.38, \sigma_2 = 0.47$,最后求出整个期间虚拟企业的综合风险系数:

$\sigma = 1 - (1-\sigma_1)(1-\sigma_2) = 1 - (1-0.38)(1-0.47) = 0.67$

(3) 时间 T

虚拟研发所用时间 $t_1 = 1$(年),虚拟生产所用时间 $t_2 = 0.5$(年),$T = t_1 + t_2 = 1.5$(年),即假定小米科技构建高新技术虚拟企业的时间长度,从小米科技手机上市至今大约1.5年。

(4) 风险中性概率 p_i

根据式(5-5)和式(5-6)可以分别计算出

$u_1 = e^{\sigma\sqrt{t_1}} = e^{0.38 \times \sqrt{1}} = 1.4623$, $d_1 = u_1^{-1} = 0.684$

$u_2 = e^{\sigma\sqrt{t_2}} = e^{0.47 \times \sqrt{0.5}} = 1.394$, $d_2 = u_2^{-1} = 0.717$

所以,

$$p_1 = \frac{(1+r)-d_1}{u_1-d_1} = \frac{1.06-0.684}{1.4623-0.684} = 0.51$$

$$p_2 = \frac{(1+r)-d_2}{u_2-d_2} = \frac{1.06-0.717}{1.394-0.717} = 0.73$$

(5) 贴现率 r'

贴现率 r' 通常由决定项目的贝塔系数和应用资本资金定价模型(CAPM)来估计,其计算公式为:$r' = r_f + \beta[E(R_m) - r_f]$ 其中:r_f 为无风险利率,$E(R_m)$ 为市场的预期收益率,β 为项目的贝塔系数。但由于缺乏小米科技智能手机项目相关数据,无法计算其贝塔系数,本书根据苹果、三星、中兴、TCL等手机上市公司的相关数据综合估计贝塔系数 $\beta = 2$;由于手机行业平均利润率为15%,故假设市场的预期收益率为15%,我国无风险利率 r_f 为6%,根据公式就可以得到出贴现率 $r' = 24\%$,则 $k = 1 + 0.24 = 1.24$。

(6) 无风险利率 r

综合加权可得无风险利率 $r = 6\%$(综合最近五年我国1年短期国债利率计算而得)。

(7) 公司现金流现值 GV

假设该小米手机新产品(小米1)以现行的水平持续保持6年的经济寿命。这样使用当前的等额序列的现值公式求得项目的总价值 $GV = V_{AB}$

$(P/A, 6\%, 6) = 150000 (P/A, 6\%, 6) = 150000 \times \dfrac{1.06^6 - 1}{0.06 \times 1.06^6} =$ 737600万元。

（8）投资成本

初始投资 $I_1 = 30000$ 万元，如果虚拟研发成功，则投资 $I_2 = 60000$ 万元进行虚拟生产，若虚拟生产成功，则投资 $I_3 = 50000$ 万元进行营销与商业化。

（9）HNTVE 解体残值 E_i^-

本实例属于前向虚拟型 HNTVE，如果虚拟研发失败，则进行高新技术虚拟企业解体，由于没有获得相关技术的突破，其解体残值相对较低，设 $E_1^- = 3000$ 万元；虚拟生产是在虚拟研发获得成功的前提下进行的投资活动，如果虚拟生产失败，则解体残值就包括了前一阶段虚拟研发获得技术或专利价值，其解体残值相对较高，设 $E_1^- = 8000$ 万元。

（三）小米科技 HNTVE 价值评估

因小米科技是属于前向虚拟型 HNTVE，而对于前向虚拟型 HNTVE 价值评估可以选用传统价值法、两期二项式树法和复合期权模型。下面分别使用各种方法构建评估模型进行价值评估。为了便于后面计算分析，我们将小米科技组建的高新技术虚拟企业过程进行简单描述。

假定 2010 年年初小米科技决定进军智能手机市场，并投资 $I_1 = 30000$ 万元进行虚拟研发组建 HNTVE，$t_1 = 1$（年）后虚拟研发成功就投资 $I_2 = 60000$ 万元进入第二阶段进行虚拟生产，至 2011 年 7 月新产品上市，$t_2 = 0.5$（年），若虚拟生产成功则投资 $I_3 = 50000$ 万元进行营销与商业化。假设第一阶段虚拟研发成功的概率为 70%，第二阶段虚拟生产成功的概率为 60%，即 $q_1 = 0.7$，$q_2 = 0.6$；无风险利率 $r = 6\%$；贴现率 $r' =$

1.24；高新技术虚拟企业存活时间 $T = t_1 + t_2 = 1.5$（年）；资产价格的波动率 $\sigma = 0.67$；如图 4-3 所示，若虚拟研发不成功，则假定其解体残值 $E_1^- = 3000$ 万元，若虚拟生产不成功，其解体残值为虚拟研发成功后相关技术或专利的价值，本案例中根据相关公开报道资料及该行业竞争程度，假定小米科技虚拟生产不成功的解体残值 $E_2^- = 8000$ 万元；假设新产品小米 1 以 2011 年 7 月的水平持续保持 6 年的经济寿命，项目的当前值 $G_V = E_2^+ = 737600$ 万元。

下面，我们分别以传统净现值法、复合期权法和两期二项式树法对小米科技组建的高新技术虚拟企业价值进行评估。

1. 基于传统净现值法的小米科技 HNTVE 价值评估

根据传统净现值法，由于 $E_1^- = 0$，可以得出小米科技新产品小米 1 的 HNTVE 价值为

$$\text{常规的 NPV}_{\text{DCF}} = \left[\frac{q_1 q_2 E_2^+}{(1+r')^{t_1+t_2}} + \frac{q_1(1-q_2)E_2^-}{(1+r')^{t_1+t_2}} + \frac{(1-q_1)E_1^-}{(1+r')^{t_1}} \right]$$

$$- \left[\frac{q_1 q_2 I_3}{(1+r')^{t_1+t_2}} + \frac{q_1 I_2}{(1+r')^{t_1}} + I_1 \right]$$

$$= \left(\frac{0.7 \times 0.6 \times 737600}{1.24^{1.5}} + \frac{0.7 \times 0.4 \times 8000}{1.24^{1.5}} + \frac{0.3 \times 3000}{1.24} \right)$$

$$- \left(\frac{0.7 \times 0.6 \times 50000}{1.24^{1.5}} + \frac{0.7 \times 60000}{1.24} + 30000 \right)$$

$$= 141833 \text{（万元）}$$

2. 基于复合期权的小米科技 HNTVE 价值评估

通过上面的分析，小米科技是一家在研发、生产两个环节都进行了虚拟化的高新技术虚拟企业，其投资决策过程如图 4-3 所示。根据前面的分析，可知该高新技术虚拟企业运作过程中包含两个欧式看涨期

权,虚拟研发决策点t_0时刻进行的初始投资I_1将获得在虚拟生产投资的机会,从而形成了第一个看涨期权,到期时间为t_1,执行价格为在虚拟生产所需的投资I_2,如果在虚拟生产决策点,第一个期权被执行,即虚拟研发成功,这将使企业进行投资I_2进行虚拟生产,从而获得在营销与商业化阶段的投资机会,形成了第二个看涨期权,到期时间是t_2,执行价格是进行营销与商业化的投资I_3。这两个期权不能进行简单相加,而应该使用复合期权来计算。本书选择了盖斯克的复合期权公式进行计算。

根据前面提供的数据有:虚拟研发阶段的 R&D 费用额I_1为 30000 万元,1 年后若获得成功,则投资 60000 万元进入虚拟生产阶段,可见,虚拟研发的 R&D 投资额拥有一个是否进入下一阶段的欧式看涨期权,即如果虚拟研发失败,最大损失为初始投资I_1,但若虚拟研发成功,就会进行虚拟生产,而虚拟生产成功了会获得营销与商业化机会创造更大的企业价值,故虚拟研发的 R&D 投资额I_1相当于购买了一个看涨期权,虚拟生产阶段的投资I_2是其执行价格。同理,虚拟生产阶段的投资I_2拥有了营销与商业化阶段的投资机会,形成了第二个看涨期权,执行价格$I_3 = 50000$ 万元,到期时间 6 个月,并假设新产品小米 1 在未来的持续时间为 6 年。这是一个复合期权问题,有关复合期权的计算,最常见的就是盖斯克模型,下面利用盖斯克模型对小米科技组建的 HNTVE 价值进行评估。

先可以利用 B-S 模型算出第二个看涨期权的期权值

$$F_C = G_V N(d_1) - I_3 e^{-rT} N(d_2) \tag{5-35}$$

其中:

$$d_1 = \frac{\ln(\frac{G_V}{I_3}) + (r + 0.5\sigma^2)T}{\sigma\sqrt{T}}$$

$$= 2.996$$

$$d_2 = d_1 - \sigma\sqrt{T} = 2.1754$$

查正态分布表可得 $N(2.996) = 0.9986$，$N(2.1754) = 0.9798$。

根据以上数据，可以算出第二个期权值

$$F_C = G_V N(d_1) - I_3 e^{-rT} N(d_2)$$

$$= 737600 \times 0.9986 - 50000 \times e^{-0.06 \times 1.5} \times 0.9798$$

$$= 691794 \text{（万元）}$$

利用 Matlab 软件计算出二维标准正态分布函数值

$$N_2(a + \sigma\sqrt{t_1}, b + \sigma\sqrt{t_1}, \rho) = N_2(0.5462, 3.3732, 0.8165) = 0.7075,$$

$$N_2(a, b, \rho) = N_2(-0.2238, 2.6032, 0.8165) = 0.4115$$

将相关数据代入式（4-31）~（5-34），最后得出复合期权价值为

$$F = G_V e^{-rT} N_2(a + \sigma\sqrt{t_1}, b + \sigma\sqrt{t_1}; \rho) - I_3 e^{-rT} N_2(a, b; \rho)$$

$$- I_2 e^{-rt_1} N(a)$$

$$= 737600 e^{-0.06 \times 1.5} \times 0.7075 - 50000 e^{-0.09} \times 0.4115 - 60000 e^{-0.06 \times 1}$$

$$\times 0.41$$

$$= 436966 \text{（万元）}$$

所以，根据式（5-23），可知小米科技 HNTVE 的价值 V 为

$$V = \text{常规的 } NPV_{DCF} + \text{复合期权价值 } F$$

$$= 141833 + 436966$$

$$= 578799 \text{（万元）} \approx 58 \text{（亿元）}$$

3. 基于两期二项式树法的小米科技 HNTVE 价值评估

根据前面的分析，前向虚拟型 HNTVE 可以使用两期二项式树法进行分析，将各中性概率及相关数据代入式（5-12），可以得到小米科技 HNTVE 价值为

HNTVE 价值 $V = \bar{V}_1 - I_0$

$$= \frac{(1-p_1)E_1^-}{(1+r)^{t_1}} + \frac{p_1(1-p_2)E_2^-}{(1+r)^{t_1+t_2}} + \frac{p_1 p_2 E_2^+}{(1+r)^{t_1+t_2}}$$

$$- \left[I_1 + \frac{p_1 I_2}{(1+r)^{t_1}} + \frac{p_1 p_2 I_3}{(1+r)^{t_1+t_2}} \right]$$

$$= \frac{(1-0.51) \times 3000}{1.06^1} + \frac{0.51 \times 0.27 \times 8000}{1.06^{1.5}}$$

$$+ \frac{0.51 \times 0.73 \times 737600}{1.06^{1.5}}$$

$$- (30000 + \frac{0.51 \times 60000}{1.06^1} + \frac{0.51 \times 0.73 \times 10000}{1.06^{1.5}})$$

$$= 229049 \text{（万元）}$$

4. 结果比较

将以上三种方法的结果进行比较，$V_{传统NPV法} < V_{二项式法} < V_{复合期权法}$，可见价值最大为原则，则使用复合期权方法来评价本例为好，小米科技组建的高新技术虚拟企业价值为 578799 万元。

5. 结论

使用传统净现值法和二项式树法得到的 HNTVE 价值都低于基于复合期权法得到的企业价值，由于复合期权法既考虑了现有资产的价值，也考虑了未来投资灵活性带来的机会价值，故认为对于小米科技这类前向虚拟型 HNTVE 价值评估应用复合期权法为好，并且在以上假设及相关数据预测基础上，认为小米科技价值为 58 亿元，高于市场上有关机构对小米科技的估值 40 亿元。

三、全组合虚拟型高新技术虚拟企业价值评估——案例 3

(一) 案例背景[①]

1997 年,杜国楹创建天津一品科技发展有限公司(简称一品科技)。一品科技是一家按照全组合虚拟化模式来构建的高新技术虚拟企业。一品科技没有自己的产品研发部门、没有厂房、没有真正属于自己的销售网络。它在研发、生产和销售方面全部进行虚拟化[②]:

虚拟开发。该公司核心产品"背背佳"的开发全部委托给天津大学的教授们,由他们负责一品科技公司的产品开发项目,公司只提供信息、要求等内容。

虚拟生产。公司把"背背佳"产品的生产全部进行外包,交给几个生产质量符合公司要求的厂家代为生产,一品科技只提供设计图纸和控制质量。

虚拟销售。一品科技通过各地的经销商在全国建立虚拟销售网络,将经销权卖给经销商,所有的广告宣传由一品科技负责。

一品科技实行全组合虚拟型模式后,在短短的 3 年时间内将"背背佳"做到了年销售额 3.2 亿元,名列娇姿产品市场全国第一。1999 年经权威机构评估,"背背佳"的品牌价值高达 2.68 亿元。一品科技的核心优势除了产品质量之外,就是品牌。品牌的建设,一品科技是通过大量的广告宣传建立起来的,每年的广告投入费为 5000 万元[③]。

[①] 为了更方便说明本方法的使用,本书以一品科技 2013 年的数据进行示例分析。
[②] 林美华,樊江娜. 托宾 Q 值的应用 [J]. 中国外资,2010 (2): 2.
[③] 林美华,樊江娜. 托宾 Q 值的应用 [J]. 中国外资,2010 (2): 2.

（二）一品科技 HNTVE 价值定价分析

1. 投资过程简述

通过上面的分析，一品科技是一家在研发、生产和营销三个环节都进行了虚拟化而组成的全组合虚拟型高新技术虚拟企业，其投资决策过程如图 4-4 所示。假设预测该高新技术虚拟企业的存续期为 8 年。根据前面的分析，可知该高新技术虚拟企业运作过程中包含两个欧式看涨期权，这两个期权不能进行简单相加，而应该使用复合期权来计算。本书选择了复合期权公式进行计算。

假设虚拟研发阶段的 R&D 费用额 I_1 为 500 万元，3 个月后若获得成功，则投资 I_2 = 1500 万元进入虚拟生产阶段，可见，虚拟研发的 R&D 投资额拥有一个是否进入下一阶段的欧式看涨期权，即如果虚拟研发失败，最大损失为初始投资 I_1，但若虚拟研发成功，就会进行虚拟生产，若虚拟生产成功了则会为企业创造更大企业价值，故虚拟研发的 R&D 投资额 I_1 相当于购买了一个看涨期权，虚拟生产阶段的投资 I_2 是其执行价格。

同理，如果 t_2 = 12 个月后虚拟生产阶段获得成功，则继续投资 I_3 = 5000 万元进入虚拟营销阶段，这是第二个看涨期权，即虚拟生产的投资 I_2 使企业拥有一个进入虚拟营销阶段并完成商业化的投资机会，第二个看涨期权成本就是虚拟生产的投资 I_2，虚拟营销的投资 I_3 就是第二个期权的执行价格，标的物就是营销并完成商业化后获得的所有未来预期现金流现值。假定进行虚拟营销 3 个月后新产品就上市，并且企业开始进行品牌建设，即 t_3 = 3 个月。

根据虚拟企业所处行业，及其他类似企业的历史数据，假设虚拟研发实际成功的概率为 40%，虚拟生产实际成功的概率为 60%，虚拟营销实际成功的概率为80%。

由于第一个期权导致了第二期权的产生，故这两个期权不是独立的，有密切的相关性，第二个期权的存在会有效地提高第一个期权的标的资产价值，是一个典型的复合期权问题。

2. 相关参数值的确定

根据一品科技的相关数据和预测结果，现将有关假设和参数数据如下：

(1) 投资支出

$I_1 = 500$ 万元，$I_2 = 1500$ 万元，$I_3 = 5000$ 万元（因一品科技每年广告费为5000万元）。

(2) 无风险利率

根据我国近15年来1年短期国债加权计算，无风险利率$r = 8\%$。

(3) 波动率 σ

本书用HNTVE的综合风险系数代替资产价格变动的波动率。根据一品科技在组建虚拟研发、虚拟生产和虚拟营销三个阶段中每阶段存在的市场风险、技术风险和合作风险等因素，进行德尔菲法问卷调查，共选择12位专家，将数据整理后应用模糊综合评判法计算虚拟研发阶段、虚拟生产阶段和虚拟营销阶段的综合风险系数分别为 $\sigma_1 = 0.27$，$\sigma_2 = 0.34$，$\sigma_3 = 0.25$；最后进行综合加权求出整个期间一品科技HNTVE的综合风险系数：

$$\sigma = 1 - (1 - \sigma_1)(1 - \sigma_2)(1 - \sigma_3) = 1 - 0.72 \times 0.66 \times 0.75 = 0.64$$

(4) 风险中性概率 p_i

根据式（5-5）和式（5-6）可以分别计算出

$$u_1 = e^{\sigma\sqrt{t_1}} = e^{0.27 \times \sqrt{0.25}} = 1.145, \quad d_1 = u_1^{-1} = 0.874$$

$$u_2 = e^{\sigma\sqrt{t_2}} = e^{0.34 \times \sqrt{1}} = 1.405, \quad d_2 = u_2^{-1} = 0.712$$

$$u_3 = e^{\sigma\sqrt{t_3}} = e^{0.25 \times \sqrt{0.25}} = 1.133, d_3 = u_3^{-1} = 0.882$$

所以,

$$p_1 = \frac{(1+r) - d_1}{u_1 - d_1} = \frac{1.08 - 0.874}{1.145 - 0.874} = 0.76$$

$$p_2 = \frac{(1+r) - d_2}{u_2 - d_2} = \frac{1.08 - 0.712}{1.405 - 0.712} = 0.53$$

$$p_3 = \frac{(1+r) - d_3}{u_3 - d_3} = \frac{1.08 - 0.882}{1.133 - 0.882} = 0.81$$

(5) 公司现金流现值 G_V

假定一品科技来自商业化的项目年均总价值 V 为 7000 万元,并假设"背背佳"产品的存续期为 20 年,则企业在虚拟营销阶段后所有净现金流折现值 $G_V = V(P/A, 6\%, 20) = 7000(P/A, 8\%, 20) = 7000 \times \frac{1.08^{20} - 1}{0.08 \times 1.08^{20}} = 52800$(万元)

(6) 贴现率 r'

假定贴现率为 14%。贴现率 r' 通常由决定项目的贝塔系数和应用资本资金定价模型(CAPM)来估计,其计算公式为:$r' = r + \beta[E(R_m) - r]$ 其中:r 为无风险利率,$E(R_m)$ 为市场的预期收益率,β 为项目的贝塔系数。由于一品科技属于健康服务业,行业比较稳定,贝塔系数相对较低。由于缺乏企业相关数据,本书根据我国上市公司中服装家纺业的行业数据,综合估计出贝塔系数 $\beta = 1.2$;假设市场的预期收益率为 13%,我国无风险利率 r 为 8%,根据公式就可以得到出贴现率 $r' = 14\%$,则 $k = 1 + 0.14 = 1.14$。

(7) 时间 t

根据前面投资过程的描述,虚拟研发用了 3 个月,虚拟生产用了 12

个月,虚拟营销进行了3个月就推出新产品上市,可见,$t_1 = 3/12 = 0.25$(年),$t_2 = 1$(年),$t_3 = 0.25$(年)。

(8) 每阶段成功率 q_i

因为虚拟研发阶段R&D活动有40%的机会成功,第二阶段虚拟生产有60%的成功概率,第三阶段虚拟营销的成功概率为80%,则 $q_1 = 0.4$,$q_2 = 0.6$,$q_3 = 0.8$。

(9) 解体残值

假设虚拟研发不成功,则其解体残值 $E_1^- = 200$;虚拟生产不成功进行解体,由于前一阶段虚拟研发成功形成的技术或专利价值及一些其他资产价值,设 $E_2^- = 1000$ 万元;同理,在虚拟营销阶段,若营销不成功,则解体残值 $E_3^- = 2000$ 万元。

(三) 一品科技 HNTVE 价值评估

将上面各数据进行整理如下:$I_1 = 500$ 万元,$I_2 = 1500$ 万元,$I_3 = 5000$ 万元;$G_V = E_3^+ = 52800$ 万元;$t_1 = 0.25$ 年,$t_2 = 1$ 年,$t_3 = 0.25$ 年;$q_1 = 0.4$,$q_2 = 0.6$,$q_3 = 0.8$;$r' = 14\%$,$r = 8\%$;$p_1 = 0.79$,$p_2 = 0.53$,$p_3 = 0.81$;$E_3^- = 2000$ 万元,$E_2^- = 1000$ 万元,$E_1^- = 200$ 万元;波动率 $\sigma = 0.64$。下面就各种方法对一品科技 HNTVE 进行价值评估。

下面,我们分别以传统净现值法、复合期权法和多期二项式树法对一品科技组建的高新技术虚拟企业价值进行评估。

1. 基于传统净现值法的一品科技 HNTVE 价值评估

根据传统净现值法,可以得出一品科技新产品"背背佳"的 HNTVE 价值为

$$\text{常规的 NPV}_{\text{DCF}} = \frac{q_1 q_2 q_3 E_3^+}{(1+r')^{t_1+t_2+t_3}} + \frac{q_1 q_2 (1-q_3) E_3^-}{(1+r')^{t_1+t_2+t_3}} + \frac{q_1 (1-q_2) E_2^-}{(1+r')^{t_1+t_2}}$$

$$+ \frac{(1-q_1)E_1^-}{(1+r')^{t_1}} - \left[\frac{q_1 q_2 I_3}{(1+r')^{t_1+t_2}} + \frac{q_1 I_2}{(1+r')^{t_1}} + I_1 \right]$$

$$= \frac{0.4 \times 0.6 \times 0.8 \times 52800}{1.14^{1.5}} + \frac{0.4 \times 0.6 \times 0.2 \times 2000}{1.14^{1.5}}$$

$$+ \frac{0.4 \times 0.4 \times 1000}{1.14^{1.25}} + \frac{0.6 \times 200}{1.14^{0.25}}$$

$$- \left[\frac{0.4 \times 0.6 \times 5000}{(1.14)^{1.25}} + \frac{0.4 \times 1500}{1.14} + 500 \right]$$

$$= 8227 \text{（万元）}$$

2. 基于复合期权的一品科技 HNTVE 价值评估

通过上面的分析，一品科技是一家在研发、生产和营销等环节都进行了虚拟化的高新技术虚拟企业，其投资决策过程如图 4-4 所示。根据全组合虚拟型 HNTVE 的期权特性分析，可知一品科技 HNTVE 在整个运作过程中包含两个欧式看涨期权，虚拟研发决策点时刻进行的初始投资 I_1 将获得在虚拟生产投资的机会，从而形成了第一个看涨期权，到期时间为 t_1，其执行价格为在虚拟生产所需的投资 I_2；如果在虚拟生产决策点，一旦第一个期权被执行，即虚拟研发成功，这将使企业投资 I_2 进行虚拟生产，从而获得进行虚拟营销与商业化的投资机会，形成了第二个看涨期权，到期时间是 t_2，执行价格是进行营销与商业化的投资 I_3。这两个期权不能进行简单相加，而应该使用复合期权来计算。本书选择了常用的盖斯克复合期权公式进行计算。

根据前面提供的数据有：虚拟研发阶段的 R&D 费用额 I_1 为 500 万元，3 个月后若获得成功，则投资 1500 万元进入虚拟生产阶段，虚拟研发投资额 I_1 相当于购买了一个看涨期权，虚拟生产阶段的投资 I_2 是第一个期权的执行价格。同理，虚拟生产阶段的投资 I_2 使企业拥有了可以

再投资 I_3 = 5000 万元进行虚拟营销并商业化的机会，形成了第二个看涨期权，执行价格为 I_3，到期时间 12 个月。这是一个复合期权问题，有关复合期权的计算，最常见的就是盖斯克模型，下面利用盖斯克模型对一品科技组建的 HNTVE 价值进行评估。

将相关数据代入公式，可得

$$d_1 = \frac{\ln(\frac{G_V}{I_3}) + (r + 0.5\sigma^2)(t_1 + t_2)}{\sigma\sqrt{t_1 + t_2}}$$

$$= 3.189$$

$$d_2 = d_1 - \sigma\sqrt{T} = 2.4052$$

查正态分布表可得 $N(3.189) = 0.9979$，$N(2.4052) = 0.9921$。

根据以上数据代入公式，可以算出第二个期权值，

$$F_C = G_V N(d_1) - I_3 e^{-rT} N(d_2)$$

$$= 52800 \times 0.9979 - 5000 \times e^{-0.08 \times 1.5} \times 0.9921$$

$$= 48289（万元）$$

根据相关数据代入式（5-32）~（5-33），最后得出复合期权价值为

$$F = G_V e^{-rT} N_2(a + \sigma\sqrt{t_1}, b + \sigma\sqrt{t_1}; \rho) - I_3 e^{-rT} N_2(a, b; \rho)$$
$$- I_2 e^{-rt_1} N(a)$$

$$= 52800 e^{-0.08 \times 1.5} \times 0.185 - 5000 e^{-0.08 \times 1.5} \times 0.0425 - 1500 e^{-0.08 \times 0.25}$$
$$\times 0.3417$$

$$= 7974（万元）$$

所以，小米科技 HNTVE 的价值 V 为

$$V = 常规的 NPV_{DCF} + 复合期权价值 F$$
$$= 8227 + 7974$$

= 16201（万元）

3. 基于多期二项式树法的一品科技 HNTVE 价值评估

根据前面的分析，全组合虚拟型 HNTVE 可以使用三期二项式树法进行分析，将各中性概率及相关数据代入式（5-12），可以得到一品科技 HNTVE 价值 V 为

HNTVE 价值 $V = \bar{V}_1 - I_0$

$$= \frac{(1-p_1)E_1^-}{(1+r)^{t_1}} + \frac{p_1(1-p_2)E_2^-}{(1+r)^{t_1+t_2}} + \frac{p_1 p_2(1-p_3)E_3^-}{(1+r)^{t_1+t_2+t_3}} + \frac{p_1 p_2 p_3 E_3^+}{(1+r)^{t_1+t_2+t_3}}$$

$$- \left[I_1 + \frac{p_1 I_2}{(1+r)^{t_1}} + \frac{p_1 p_2 I_3}{(1+r)^{t_1+t_2}} \right]$$

$$= \frac{0.21 \times 200}{1.08^{0.25}} + \frac{0.76 \times 0.47 \times 1000}{1.08^{1.25}} + \frac{0.76 \times 0.53 \times 0.19 \times 2000}{1.08^{1.5}}$$

$$+ \frac{0.76 \times 0.53 \times 0.81 \times 52800}{1.08^{1.5}} - (500 + \frac{0.76 \times 1500}{1.08} +$$

$$\frac{0.76 \times 0.53 \times 5000}{1.08^{1.25}})$$

= 12468（万元）

（四）结果比较

将以上三种方法的结果进行比较，可见利用复合期权方法得到的 HNTVE 价值最大，根据价值最大原则，认为本例中使用复合期权方法比较合适，本案中一品科技组建的高新技术虚拟企业价值为 16201 万元。

第六章 高新技术虚拟企业价值模糊评估模型

前一章构建了不同方法下各种虚拟类型的高新技术虚拟企业价值评估模型,一般情况下,假定未来的预期现金流值、标的资产收益的波动率等变量值都是确定值,但在评估高新技术虚拟企业价值时,由于市场环境的不确定性和技术创新本身的复杂性,对未来投资机会的现金流、标的资产收益的波动率和无风险利率很难用一个确定值来描述,因为在现实世界中没有虚拟企业的历史数据或很难找到类似的公司数据。为了解决这个问题,我们利用模糊数理论来分析高新技术虚拟企业价值评估,在这里假定未来的预期现金流现值、标的资产收益的波动率、折现率和无风险利率都是模糊数。

本章的内容安排如下:一、利用模糊测度理论,将未来预期现金流现值、折现率、资产波动率和无风险利率等看成模糊数,建立一般模糊数形式(General Fuzzy Pattern)下不同评估方法的高新技术虚拟企业价值评估模型;二、在此基础上,构建特殊模糊数形式(Specific Fuzzy Pattern)下不同评估方法的高新技术虚拟企业价值评估模型;三、以前向虚拟型高新技术虚拟企业作为数值例子进行分析,即假定未来预期现金流现值 $\tilde{V}$、标的资产价格波动率 $\tilde{\sigma}$、折现率 $\tilde{r'}$ 和无风险利率 $\tilde{r}$ 都是梯形模糊数,来求解模糊环境下前向虚拟型高新技术虚拟企业价值。

第一节　模糊数理论及运算

下面先介绍模糊数的一些定义和特性[①]。

定义6.1　设 D 为一论域,$\tilde{A}$ 为 D 的一个模糊子集,若对每个 $x \in D$ 都存在数 $u_{\tilde{A}}(x) \in [0, 1]$,并用它表示 x 对 $\tilde{A}$ 的隶属度,即 $u_{\tilde{A}}(x): D \to [0, 1]$,而 $u_{\tilde{A}}(x)$ 被称为 $\tilde{A}$ 的隶属函数。在这里,隶属函数 $u_{\tilde{A}}(x)$ 表示了论域 D 中每一元素对模糊概念 $\tilde{A}$ 符合的程度。

定义6.2　论域 D 上的一个具有凸性、正规、区段性连续隶属函数和有界支撑集的模糊集,则称为模糊数。即模糊数必须满足以下四个条件:

(1) 隶属函数 $u_{\tilde{A}}(x)$ 为区段连续;

(2) 隶属函数 $u_{\tilde{A}}(x)$ 为一凸模糊集合,其中凸(Convex)即是:

$\exists x_1, x_2 \in D, \forall \lambda \in [0, 1], u_{\tilde{A}}[\lambda x_1 + (1 - \lambda)x_2] \geq \min\{u_{\tilde{A}}(x_1), u_{\tilde{A}}(x_2)\};$

(3) 隶属函数 $u_{\tilde{A}}(x)$ 为正规化模糊子集,其中正规是指:

$\exists x \in D, u_{\tilde{A}}(x) = 1;$

(4) 模糊数集 $\tilde{A}$ 的支撑集必定有界,且其支撑集(Support)为:

$supp(\tilde{A}) = \{x \mid u_{\tilde{A}}(x) > 0, x \in D\}.$

所有模糊数的集合用 Θ 表示。

[①] L. A. ZADEH. Fuzzy sets [J]. Information and Control, 1965 (8): 338-339.

定义6.3 定义模糊集合 $\tilde{A}$ 的 γ-截集（γ-Level Set）为：

$[\tilde{A}]^{\gamma} = \{x \in D: u_{\tilde{A}}(x) \geq \gamma\}$，$\gamma > 0$，

$cl\{\text{supp}(\tilde{A})\}$，$\gamma = 0$

其中：γ 称为信心水平（Confidence Level）和 $cl\{\text{supp}(\tilde{A})\}$ 为模糊数集 $\tilde{A}$ 支撑集的闭包。

γ-截集的作用是可以从模糊集合中决定一个清晰集合（Crisp Set）。比如设：

$\tilde{A}_{\gamma}^{-} = \min\{[\tilde{A}]^{\gamma}\}$ 和 $\tilde{A}_{\gamma}^{+} = \max\{[\tilde{A}]^{\gamma}\}$，也就是说，$\tilde{A}_{\gamma}^{-}$ 和 $\tilde{A}_{\gamma}^{+}$ 分别表示 γ-截集的左、右端点，则模糊数 $\tilde{A}$ 取 γ-截集所形成的区间范围可表示为 $[\tilde{A}]_{\gamma} = [\tilde{A}_{\gamma}^{-}, \tilde{A}_{\gamma}^{+}]$。

定理6.1 现假设 A 和 B 是两个模糊数，$A_{\gamma} = [A_{\gamma}^{-}, A_{\gamma}^{+}]$，$B_{\gamma} = [B_{\gamma}^{-}, B_{\gamma}^{+}]$。则有：

$(A \oplus B)_{\gamma} = A_{\gamma} \oplus B_{\gamma} = [A_{\gamma}^{-} \oplus B_{\gamma}^{-}, A_{\gamma}^{+} \oplus B_{\gamma}^{+}]$

$(A \ominus B)_{\gamma} = A_{\gamma} \ominus B_{\gamma} = [A_{\gamma}^{-} \ominus B_{\gamma}^{+}, A_{\gamma}^{+} \ominus B_{\gamma}^{-}]$

$(A \otimes B)_{\gamma} = A_{\gamma} \otimes B_{\gamma} = [\min\{A_{\gamma}^{-}B_{\gamma}^{-}, A_{\gamma}^{-}B_{\gamma}^{+}, A_{\gamma}^{+}B_{\gamma}^{-}, A_{\gamma}^{+}B_{\gamma}^{+}\}, \max\{A_{\gamma}^{-}B_{\gamma}^{-}, A_{\gamma}^{-}B_{\gamma}^{+}, A_{\gamma}^{+}B_{\gamma}^{-}, A_{\gamma}^{+}B_{\gamma}^{+}\}]$

其中 $\gamma \in [0, 1]$。如果模糊数 B 的 γ-截集不为常数 0，则两个模糊数相除其余数 $A \oslash B$ 也是一个模糊数，其 γ-截集为：

$(A \oslash B)_{\gamma} = A_{\gamma} \oslash B_{\gamma} = [\min\{A_{\gamma}^{-}/B_{\gamma}^{-}, A_{\gamma}^{-}/B_{\gamma}^{+}, A_{\gamma}^{+}/B_{\gamma}^{-}, A_{\gamma}^{+}/B_{\gamma}^{+}\}, \max\{A_{\gamma}^{-}/B_{\gamma}^{-}, A_{\gamma}^{-}/B_{\gamma}^{+}, A_{\gamma}^{+}/B_{\gamma}^{-}, A_{\gamma}^{+}/B_{\gamma}^{+}\}]$

根据 Carlsson 和 Fuller 定义了模糊数的清晰可能性均值和清晰可能性方差[1]。模糊数 $\tilde{A}$ 的清晰可能性均值和清晰可能性方差如下：

---

[1] CARLSSON C, FULLER R. On Possibilistic Mean Value and Variance of Fuzzy Number [J]. Fuzzy Sets and Systems, 2001, 122 (2): 315-320.

定义 6.4 假设 A 是一个 γ-截集的模糊数，有 $[A]_\gamma = [A_\gamma^-, A_\gamma^+]$，则模糊数 A 的清晰可能性均值和清晰可能性方差分别为

$$\bar{M}(A) = \int_0^1 \gamma(A_\gamma^- + A_\gamma^+) d\gamma \tag{6-1}$$

和

$$Var(A) = \int_0^1 \gamma\{[\bar{M}(A) - A_\gamma^-]^2 + [\bar{M}(A) - A_\gamma^+]^2\} d\gamma \tag{6-2}$$

模糊数 A 的标准差可表示为 $\sigma_A = \sqrt{Var(A)}$。

第二节　基于一般模糊数形式的高新技术虚拟企业价值评估模型

通过上一章的分析，可知高新技术虚拟企业价值评估方法主要是二项式树法、B-S 模型法和复合期权法。下面分别对这三种评估方法建立一般模糊数形式（General Fuzzy Pattern）下高新技术虚拟企业价值评估模型。

一、一般模糊数下高新技术虚拟企业价值的二项式树评估模型

通过上一章的分析，可知利用简单二项式树法或多期二项式树法来构建各种类型的 HNTVE 价值评估模型。为了简单起见，我们只考虑二期的二项式树法，利用二期二项式树法构建了 HNTVE 价值评估模型，为此，将式（5-12）~（5-14）简化为如下模型

$$V = \left[\frac{(1-p_1)E_1^-}{(1+r)^{t_1}} + \frac{p_1(1-p_2)E_2^-}{(1+r)^{t_1+t_2}} + \frac{p_1 p_2 E_2^+}{(1+r)^{t_1+t_2}}\right]$$

$$- \left[I_1 + \frac{p_1 I_2}{(1+r)^{t_1}} + \frac{p_1 p_2 I_3}{(1+r)^{t_1+t_2}}\right] \tag{6-3}$$

现假设企业未来的预期现金流现值 $\tilde{E}_2^+$ 和无风险利率 $\tilde{r}$ 都是一般的模糊数，则一般模糊数下 HNTVE 价值二项式定价模型为

$$\tilde{V} = [\tilde{1}_{\{(1-p_1)E_1^-\}} \oslash (1 \oplus \tilde{r})^{\tilde{1}_{\{t_1\}}}] \oplus [\tilde{1}_{\{p_1(1-p_2)E_2^-\}} \oslash (1 \oplus \tilde{r})^{\tilde{1}_{\{t_1+t_2\}}}]$$

$$\oplus [(\tilde{1}_{\{p_1p_2\}} \otimes \tilde{E}_2^+) \oslash (1 \oplus \tilde{r})^{\tilde{1}_{\{t_1+t_2\}}}] \ominus \tilde{1}_{\{I_1\}}$$

$$\ominus [\tilde{1}_{\{p_1I_2\}} \oslash (1 \oplus \tilde{r})^{\tilde{1}_{\{t_1\}}}]$$

$$\ominus [\tilde{1}_{\{p_1p_2I_3\}} \oslash (1 \oplus \tilde{r})^{\tilde{1}_{\{t_1+t_2\}}}] \tag{6-4}$$

则 $\tilde{V}$ 的 γ-截集为

$$(\tilde{V})_\gamma = [(\tilde{V})_\gamma^-, (\tilde{V})_\gamma^+] \tag{6-5}$$

其中：

$$(\tilde{V})_\gamma^- = \left[\frac{(1-p_1)E_1^-}{(1+\tilde{r}_\gamma^+)^{t_1}} + \frac{p_1(1-p_2)E_2^-}{(1+\tilde{r}_\gamma^+)^{t_1+t_2}} + \frac{p_1p_2(\tilde{E}_2^+)_\gamma^-}{(1+\tilde{r}_\gamma^+)^{t_1+t_2}}\right] - \left[I_1 + \frac{p_1I_2}{(1+\tilde{r}_\gamma^-)^{t_1}} + \frac{p_1p_2I_3}{(1+\tilde{r}_\gamma^-)^{t_1+t_2}}\right] \tag{6-6}$$

$$(\tilde{V})_\gamma^+ = \frac{(1-p_1)E_1^-}{(1+\tilde{r}_\gamma^-)^{t_1}} + \frac{p_1(1-p_2)E_2^-}{(1+\tilde{r}_\gamma^-)^{t_1+t_2}} + \frac{p_1p_2(\tilde{E}_2^+)_\gamma^+}{(1+\tilde{r}_\gamma^-)^{t_1+t_2}} - \left[I_1 + \frac{p_1I_2}{(1+\tilde{r}_\gamma^+)^{t_1}} + \frac{p_1p_2I_3}{(1+\tilde{r}_\gamma^+)^{t_1+t_2}}\right] \tag{6-7}$$

这样，我们可以得到 $\tilde{V}$ 的可能性均值和可能性方差分别为

$$\bar{M}(\tilde{V}) = \int_0^1 \gamma[(\tilde{V})_\gamma^- + (\tilde{V})_\gamma^+]d\gamma \tag{6-8}$$

$$Var(\tilde{V}) = \int_0^1 \gamma\{[\bar{M}(\tilde{V}) - (\tilde{V})_\gamma^-]^2 + [\bar{M}(\tilde{V}) - (\tilde{V})_\gamma^+]^2\}d\gamma \tag{6-9}$$

这里，$\tilde{V}$ 的可能性均值 $\bar{M}(\tilde{V})$ 反映了 HNTVE 价值的平均水平，$\tilde{V}$ 的可能性方差 $Var(\tilde{V})$ 表示 HNTVE 价值波动的程度，可以看成 HNTVE

价值的风险度量。

二、一般模糊数下高新技术虚拟企业价值的传统净现值评估模型

前一章,对前向虚拟型的小米科技 HNTVE 进行价值评估时,建立了如下传统净现值评估模型,设其价值为 V_{NPV},则

$$V_{NPV} = \left[\frac{(1-q_1)E_1^-}{(1+r')^{t_1}} + \frac{q_1(1-q_2)E_2^-}{(1+r')^{t_1+t_2}} + \frac{q_1q_2E}{(1+r')^{t_1+t_2}} \right]$$

$$- \left[I_1 + \frac{q_1I_2}{(1+r')^{t_1}} + \frac{q_1q_2I_3}{(1+r')^{t_1+t_2}} \right] \quad (6-10)$$

现假设企业未来的预期现金流现值 E 和折现率 $\tilde{r}'$ 都是一般的模糊数形式,则高新技术虚拟企业价值评估的传统 NPV 定价模型为:

$$\tilde{V}_{NPV} = [\tilde{1}_{\{(1-q_1)E_1^-\}} \oslash (1 \oplus \tilde{r}')^{\tilde{1}_{\{t_1\}}}] \oplus [\tilde{1}_{\{q_1(1-q_2)E_2^-\}} \oslash (1 \oplus \tilde{r}')^{\tilde{1}_{\{t_1+t_2\}}}]$$

$$\oplus [(\tilde{1}_{\{q_1q_2\}} \otimes \tilde{E}) \oslash (1 \oplus \tilde{r}')^{\tilde{1}_{\{t_1+t_2\}}}] \ominus \tilde{1}_{\{I_1\}}$$

$$\ominus [\tilde{1}_{\{q_1I_2\}} \oslash (1 \oplus \tilde{r}')^{\tilde{1}_{\{t_1\}}}]$$

$$\ominus [\tilde{1}_{\{q_1q_2I_3\}} \oslash (1 \oplus \tilde{r}')^{\tilde{1}_{\{t_1+t_2\}}}] \quad (6-11)$$

则 $\tilde{V}_{NPV}$ 的 γ-截集为

$$(\tilde{V}_{NPV})_\gamma = [(\tilde{V}_{NPV})_\gamma^-, (\tilde{V}_{NPV})_\gamma^+] \quad (6-12)$$

其中:

$$(\tilde{V}_{NPV})_\gamma^- = \left[\frac{(1-q_1)E_1^-}{(1+\tilde{r}'_\gamma^+)^{t_1}} + \frac{q_1(1-q_2)E_2^-}{(1+\tilde{r}'_\gamma^+)^{t_1+t_2}} + \frac{q_1q_2(\tilde{E})_\gamma^-}{(1+\tilde{r}'_\gamma^+)^{t_1+t_2}} \right]$$

$$- \left[I_1 + \frac{p_1I_2}{(1+\tilde{r}'_\gamma^-)^{t_1}} + \frac{p_1p_2I_3}{(1+\tilde{r}'_\gamma^-)^{t_1+t_2}} \right] \quad (6-13)$$

$$(\tilde{V}_{NPV})_\gamma^+ = \left[\frac{(1-q_1)E_1^-}{(1+\tilde{r}'_\gamma^-)^{t_1}} + \frac{q_1(1-q_2)E_2^-}{(1+\tilde{r}'_\gamma^-)^{t_1+t_2}} + \frac{q_1q_2(\tilde{E})_\gamma^+}{(1+\tilde{r}'_\gamma^-)^{t_1+t_2}} \right]$$

$$-\left[I_1 + \frac{p_1 I_2}{(1+\tilde{r}'^+_\gamma)^{t_1}} + \frac{p_1 p_2 I_3}{(1+\tilde{r}'^+_\gamma)^{t_1+t_2}}\right] \quad (6-14)$$

这样，我们可以得到 $\tilde{V}_{NPV}$ 的可能性均值和可能性方差分别为

$$\bar{M}(\tilde{V}_{NPV}) = \int_0^1 \gamma [(\tilde{V}_{NPV})^-_\gamma + (\tilde{V}_{NPV})^+_\gamma] d\gamma \quad (6-15)$$

$$Var(\tilde{V}_{NPV}) = \int_0^1 \gamma \{[\bar{M}(\tilde{V}_{NPV}) - (\tilde{V}_{NPV})^-_\gamma]^2$$

$$+ [\bar{M}(\tilde{V}_{NPV}) - (\tilde{V}_{NPV})^+_\gamma]^2\} d\gamma \quad (6-16)$$

三、一般模糊数下高新技术虚拟企业价值的 B-S 评估模型

从前一章的分析可知虚拟生产型高新技术虚拟企业的价值实际上是由两部分组成，即确定性部分价值和不确定性部分价值（灵活性价值）。而确定性部分价值可由传统的净现值法计算出（常规的 NPV_{DCF}），不确定性部分价值可以由 B-S 等期权方法算出（期权价值 F_C）。在这里，我们同样考虑单一虚拟模式下虚拟生产型高新技术虚拟企业的价值评估问题。根据式（5-23），HNTVE 价值 V 公式为

$$\text{HNTVE 价值 V} = \text{常规的 } NPV_{DCF} + \text{期权价值 } F_C \quad (6-17)$$

其中，常规的 NPV_{DCF} 由式（6-11）计算得出。

这里，期权价值 F 可以由 B-S 模型计算，其计算公式为

$$F_C = EN(d_1) - Ie^{-rT}N(d_2) \quad (6-18)$$

这里，$d_1 = \dfrac{\ln\dfrac{E}{I} + (r + \dfrac{1}{2}\sigma^2)T}{\sigma\sqrt{T}}$，$d_2 = d_1 - \sigma\sqrt{T}$，

现假设公司未来的预期现金流现值 $\tilde{E}$、标的资产收益的波动率 $\tilde{\sigma}$ 和无风险利率 $\tilde{r}$ 都是一般的模糊数，则式（6-18）可以表示为

$$\tilde{F}_C = [\tilde{E} \otimes N(\tilde{d}_1)] \ominus [\tilde{1}_{\{I\}} \otimes e^{-\tilde{r} \otimes \tilde{1}_{\{T\}}} \otimes N(\tilde{d}_2)] \quad (6-19)$$

其中：

$$\tilde{d}_1 = [\ln(\tilde{E} \oslash \tilde{1}_{\{I\}}) \oplus (\tilde{r} \oplus \tilde{\sigma} \otimes \tilde{\sigma} \oslash \tilde{1}_{\{2\}}) \otimes \tilde{1}_{\{T\}}]) \oslash$$

$$(\tilde{\sigma} \otimes \sqrt{\tilde{1}_{\{T\}}}) \quad (6-20)$$

$$\tilde{d}_2 = \tilde{d}_1 \ominus (\tilde{\sigma} \otimes \sqrt{\tilde{1}_{\{T\}}}) \quad (6-21)$$

则 $\tilde{F}_C$ 的 γ-截集为

$$(\tilde{F}_C)_\gamma = [(\tilde{F}_C)_\gamma^-, (\tilde{F}_C)_\gamma^+] \quad (6-22)$$

其中：

$$(\tilde{F}_C)_\gamma^- = (\tilde{E})_\gamma^- N[(\tilde{d}_1)_\gamma^-] - I e^{-(\tilde{r}_\gamma^-)T} N[(\tilde{d}_2)_\gamma^+] \quad (6-23)$$

$$(\tilde{F}_C)_\gamma^+ = (\tilde{E})_\gamma^+ N[(\tilde{d}_1)_\gamma^+] - I e^{-(\tilde{r}_\gamma^+)T} N[(\tilde{d}_2)_\gamma^-] \quad (6-24)$$

$$(\tilde{d}_1)_\gamma^- = \frac{\ln\left[\frac{(\tilde{E})_\gamma^-}{I}\right] + [\tilde{r}_\gamma^- + \frac{1}{2}(\tilde{\sigma}_\gamma^-)^2]T}{\tilde{\sigma}_\gamma^+ \sqrt{T}} \quad (6-25)$$

$$(\tilde{d}_1)_\gamma^+ = \frac{\ln\left[\frac{(\tilde{E})_\gamma^+}{I}\right] + [\tilde{r}_\gamma^+ + \frac{1}{2}(\tilde{\sigma}_\gamma^+)^2]T}{\tilde{\sigma}_\gamma^- \sqrt{T}} \quad (6-26)$$

$$(\tilde{d}_2)_\gamma^- = (\tilde{d}_1)_\gamma^- - \tilde{\sigma}_\gamma^+ \sqrt{T} \quad (6-27)$$

$$(\tilde{d}_2)_\gamma^+ = (\tilde{d}_1)_\gamma^+ - \tilde{\sigma}_\gamma^- \sqrt{T} \quad (6-28)$$

这样，我们可以得到虚拟生产型 HNTVE 价值 $\tilde{F}_C$ 的可能性均值和可能性方差分别为

$$\bar{M}(\tilde{F}_C) = \int_0^1 \gamma[(\tilde{F}_C)_\gamma^- + (\tilde{F}_C)_\gamma^+]d\gamma \quad (6-29)$$

$$Var(\tilde{F}_C) = \int_0^1 \gamma\{[\bar{M}(\tilde{F}_C) - (\tilde{F}_C)_\gamma^-]^2 + [\bar{M}(\tilde{F}_C) - (\tilde{F}_C)_\gamma^+]^2\}d\gamma$$

$$(6-30)$$

四、一般模糊数下高新技术虚拟企业价值的复合期权评估模型

在前一章中,对前向虚拟型 HNTVE 和全组合虚拟型 HNTVE 价值进行评估时都利用了复合期权方法进行价值评估,其期权价值模型如下

$$F = E\,e^{-rT}N_2(a + \sigma\sqrt{t},\ b + \sigma\sqrt{t};\ \rho) -$$
$$I_3\,e^{-rT}N_2(a,\ b;\ \rho) - I_2\,e^{-rt}N(a) \quad (6-31)$$

其中:
$$a = \frac{\ln\dfrac{E}{F_c} + (r - \dfrac{1}{2}\sigma^2)t}{\sigma\sqrt{t}} \quad (6-32)$$

$$b = \frac{\ln\dfrac{E}{I_3} + (r - \dfrac{1}{2}\sigma^2)T}{\sigma\sqrt{T}} \quad (6-33)$$

$$\rho = \sqrt{\dfrac{t}{T}}\,; \quad (6-34)$$

$N_2(a_1,\ b_1;\ \rho)$ 为标准二维正态分布的累计概率函数,a_1、b_1 为上积分的极限,ρ 为相关系数;$N(a_2)$ 为单维正态分布的累计概率函数;E 为高新技术虚拟企业进行虚拟营销投资 I_3 后产生的未来现金流量现值;F_c 为第二个期权价值,等于第一个期权交割价格时项目的价值,可利用 Black-scholes 模型计算;σ 为描述虚拟企业收益不确定性的波动率;r 为无风险利率;t_1 为第一个期权到期的时间;t_2 为第二个期权到期的时间;T 为整个复合期权到期的时间,$T = t_1 + t_2$。

现假设公司未来的预期现金流现值 $\tilde{E}$、标的资产收益的波动率 $\tilde{\sigma}$ 和无风险利率 $\tilde{r}$ 都是一般模糊数形式,则式(6-31)可表示为

$$\tilde{F} = [\tilde{E} \otimes e^{-\tilde{r} \otimes \tilde{1}_{\{T\}}} \otimes N_2(\tilde{a} \oplus (\sigma \otimes \sqrt{\tilde{1}_{\{t\}}}),\ \tilde{b} \oplus (\sigma \otimes \sqrt{\tilde{1}_{\{t\}}});$$
$$\tilde{1}_{\{\rho\}})] \ominus$$

$$[\tilde{1}_{\{l_3\}} \otimes e^{-\tilde{r}\otimes \tilde{i}_{\{T\}}} \otimes N_2(\tilde{a}, \tilde{b}; \tilde{1}_{\{\rho\}})] \ominus [I_2 \otimes e^{-\tilde{r}\otimes \tilde{i}_{\{t\}}} \otimes N(\tilde{a})] \tag{6-35}$$

其中：

$$\tilde{a} = [(\ln(\tilde{E}\oslash \tilde{F}_C) \oplus (\tilde{r} \ominus \tilde{\sigma}\otimes \tilde{\sigma}\oslash \tilde{1}_{\{2\}}) \otimes \tilde{1}_{\{t\}}] \oslash (\tilde{\sigma}\otimes \sqrt{\tilde{1}_{\{t\}}}) \tag{6-36}$$

$$\tilde{b} = [(\ln(\tilde{E}\oslash I_3) \oplus (\tilde{r} \ominus \tilde{\sigma}\otimes \tilde{\sigma}\oslash \tilde{1}_{\{2\}}) \otimes \tilde{1}_{\{T\}}] \oslash (\tilde{\sigma}\otimes \sqrt{\tilde{1}_{\{T\}}}) \tag{6-37}$$

则 $\tilde{F}$ 的 γ-截集为

$$(\tilde{F})_\gamma = [(\tilde{F})_\gamma^-, (\tilde{F})_\gamma^+] \tag{6-38}$$

其中：

$$(\tilde{F})_\gamma^- = E_\gamma^- e^{-\tilde{r}_\gamma^+ T} N_2(\tilde{a}_\gamma^- + \tilde{\sigma}_\gamma^- \sqrt{t}, \tilde{b}_\gamma^- + \tilde{\sigma}_\gamma^- \sqrt{t}; \rho) - I_3 e^{-(\tilde{r}_\gamma)T} N_2(\tilde{a}_\gamma^+, \tilde{b}_\gamma^+; \rho) - I_2 e^{-\tilde{r}_\gamma^+ t} N(\tilde{a}_\gamma^+) \tag{6-39}$$

$$(\tilde{F})_\gamma^+ = E_\gamma^+ e^{-\tilde{r}_\gamma^- T} N_2(\tilde{a}_\gamma^+ + \tilde{\sigma}_\gamma^+ \sqrt{t}, \tilde{b}_\gamma^+ + \tilde{\sigma}_\gamma^+ \sqrt{t}; \rho) - I_3 e^{-(\tilde{r}_\gamma)T} N_2(\tilde{a}_\gamma^-, \tilde{b}_\gamma^-; \rho) - I_2 e^{-\tilde{r}_\gamma^- t} N(\tilde{a}_\gamma^-) \tag{6-40}$$

$$\tilde{a}_\gamma^- = \frac{\ln \dfrac{E_\gamma^-}{(\tilde{F}_C)_\gamma^+} + \left[\tilde{r}_\gamma^- - \dfrac{1}{2}(\tilde{\sigma}_\gamma^+)^2\right]t}{\tilde{\sigma}_\gamma^+ \sqrt{t}} \tag{6-41}$$

$$\tilde{a}_\gamma^+ = \frac{\ln \dfrac{E_\gamma^+}{(\tilde{F}_C)_\gamma^-} + \left[\tilde{r}_\gamma^+ - \dfrac{1}{2}(\tilde{\sigma}_\gamma^-)^2\right]t}{\tilde{\sigma}_\gamma^- \sqrt{t}} \tag{6-42}$$

$$\tilde{b}_\gamma^- = \frac{\ln \dfrac{E_\gamma^-}{I_3} + \left[\tilde{r}_\gamma^- - \dfrac{1}{2}(\tilde{\sigma}_\gamma^+)^2\right]T}{\tilde{\sigma}_\gamma^+ \sqrt{T}} \tag{6-43}$$

$$\tilde{b}_{\gamma}^{+} = \frac{\ln \frac{E_{\gamma}^{+}}{I_3} + \left[\tilde{r}_{\gamma}^{+} - \frac{1}{2}(\tilde{\sigma}_{\gamma}^{-})^2 \right] T}{\tilde{\sigma}_{\gamma}^{-}\sqrt{T}} \qquad (6\text{-}44)$$

根据 B-S 模型计算 $\tilde{F}_C$，为了简单起见，这里不再赘述，具体方法详见式（6-18）的求解。

这样，我们可以得到 $\tilde{F}$ 的可能性均值和可能性方差分别为

$$\bar{M}(\tilde{F}) = \int_0^1 \gamma [(\tilde{F})_{\gamma}^{-} + (\tilde{F})_{\gamma}^{+}] d\gamma \qquad (6\text{-}45)$$

$$Var(\tilde{F}) = \int_0^1 \gamma \{[\bar{M}(\tilde{F}) - (\tilde{F})_{\gamma}^{-}]^2 + [\bar{M}(\tilde{F}) - (\tilde{F})_{\gamma}^{+}]^2\} d\gamma \qquad (6\text{-}46)$$

这里，$\tilde{F}$ 的可能性均值 $\bar{M}(\tilde{F})$ 反映了 HNTVE 复合期权值的平均水平，$\tilde{F}$ 的可能性方差 $Var(\tilde{F})$ 表示 HNTVE 复合期权值波动的程度，可以看成 HNTVE 复合期权值的风险度量。

最后，HNTVE 价值 V 公式为

HNTVE 价值 V = 常规的 NPV_{DCF} + 期权价值 F \qquad (6-47)

这里，常规的 NPV_{DCF} 由式（6-11）计算得出。

第三节 基于特殊模糊数形式的高新技术虚拟企业价值评估模型

这里，我们假定高新技术虚拟企业未来的预期现金流现值 $\tilde{E}$、折现率 $\tilde{r}'$、标的资产收益的波动率 $\tilde{\sigma}$ 和无风险利率 $\tilde{r}$ 都是某一特殊模糊数形式（Specific Fuzzy Pattern）时，来求解上述各种不同方法组建的高新技术虚拟企业价值。

定义 6.5 一个模糊数 $\tilde{A}$ 如果存在 L 和 R 形式函数，则称模糊数 $\tilde{A}$ 是一个 LR-类模糊数，其四个参数为 $(m_-, m_+) \in \{-\infty, +\infty\}, \alpha$ 和 β，$\tilde{A}$ 的隶属函数如下所示

$$\tilde{A} = \begin{cases} L(\dfrac{m_- - x}{\alpha}) & m_- - \alpha \leq x \leq m_- \\ 1 & m_- \leq x \leq m_+ \\ R(\dfrac{x - m_+}{\beta}) & m_+ \leq x \leq m_+ + \beta \\ 0 & others \end{cases} \quad (6-48)$$

其中：$[m_-, m_+]$ 为模糊数 $\tilde{A}$ 的峰值或核，α 和 β 分别是左右间距。

L, R 分别为连续递减的形状函数：$L: [0, 1] \to [0, 1]$，$R: [0, 1] \to [0, 1]$，且 $L(0) = R(0) = 1$，$L(1) = R(1) = 0$。上述 LR-类模糊数 $\tilde{A}$ 可以表示为 $\tilde{A} = (m_-, m_+, \alpha, \beta)_{LR}$。

LR-类模糊数 $\tilde{A}$ 的隶属函数如图 6-1 所示，其 γ-截集为
$\tilde{A}_\gamma = [A_\gamma^-, A_\gamma^+] = [m_- - \alpha L^{-1}(\gamma), m_+ + \beta R^{-1}(\gamma)]$，$\gamma \in [0, 1]$

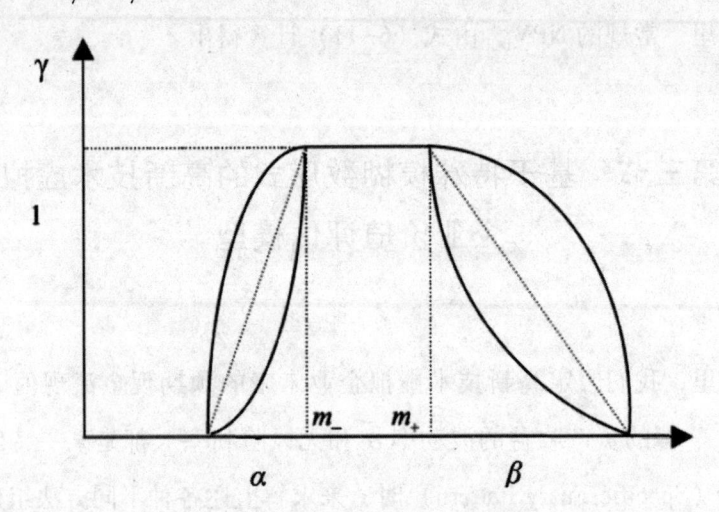

图 6-1 *LR*-类模糊数的隶属函数

讨论：

（1）如果 $L(x) = R(x) = \text{Max}(0, 1-x)$，$\tilde{A}$ 的隶属函数如式（6-48），$\tilde{A}$ 则是一个梯形模糊数，记为 $\tilde{A} = (m_-, m_+, \alpha, \beta)$，其 γ-截集为

$$\tilde{A}_\gamma = [m_- - (1-\gamma)\alpha, m_+ + (1-\gamma)\beta], \gamma \in [0, 1] \quad (6-49)$$

其隶属函数变成为

$$\tilde{A} = \begin{cases} 1 - \dfrac{m_- - x}{\alpha} & m_- - \alpha \leq x \leq m_- \\ 1 & m_- \leq x \leq m_+ \\ 1 - \dfrac{x - m_+}{\beta} & m_+ \leq x \leq m_+ + \beta \\ 0 & \text{others} \end{cases} \quad (6-50)$$

梯形模糊数的隶属函数如图 6-2 所示。

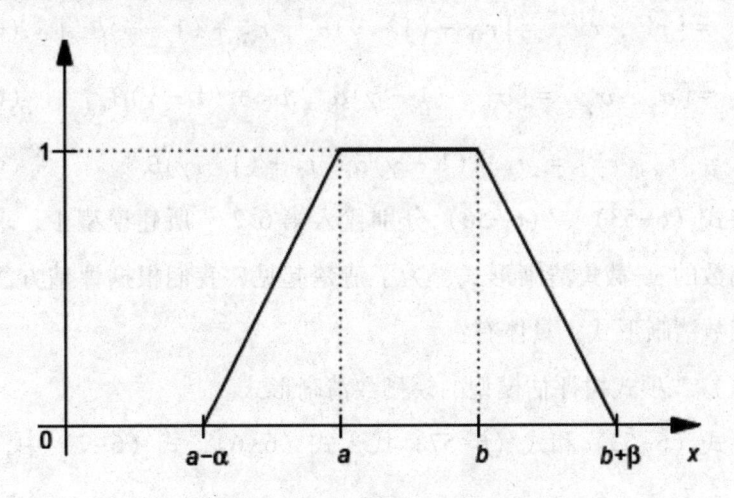

图 6-2 梯形模糊数的隶属函数

（2）如果 $\tilde{A}$ 是梯形模糊数，且 $m_- = m_+ = a$，则称 $\tilde{A}$ 变成一个三角模糊数，记为 $\tilde{A} = (a, \alpha, \beta)$，它的 γ-截集为

$$\tilde{A}_\gamma = [a - (1-\gamma)\alpha, \ a + (1-\gamma)\beta], \ \gamma \in [0, 1] \quad (6\text{-}51)$$

(3) 如果 $\alpha = \beta = 0$，则 $\tilde{A}$ 就是一个确定区间，记为 $\tilde{A} = [m_-, m_+]$，它的 γ-截集为

$$\tilde{A}_\gamma = \begin{cases} [m_-, m_+] & \gamma = 1 \\ 0 & \gamma \neq 1 \end{cases} \quad \gamma \in [0, 1] \quad (6\text{-}52)$$

(4) 如果 $\alpha = \beta = 0$，且 $m_- = m_+ = a$，则 $\tilde{A}$ 就是一个实数 a。

如果 HNTVE 未来的预期现金流现值 $\tilde{E}$ 和 $\tilde{E}_2^+$、折现率 $\tilde{r}'$、标的资产收益的波动率 $\tilde{\sigma}$ 和无风险利率 $\tilde{r}$ 都是梯形模糊数，且 $\tilde{E} = (E_1, E_2, \alpha_E, \beta_E)$，$\tilde{r}' = (r'_1, r'_2, \alpha'_r, \beta'_r)$，$\tilde{\sigma} = (\sigma_1, \sigma_2, \alpha_\sigma, \beta_\sigma)$，$\tilde{r} = (r_1, r_2, \alpha_r, \beta_r)$，则它们的 γ-截集分别为

$$\tilde{E}_\gamma = [\tilde{E}_\gamma^-, \tilde{E}_\gamma^+] = [E_1 - (1-\gamma)\alpha_E, \ E_2 + (1-\gamma)\beta_E] \quad (6\text{-}53)$$

$$\tilde{r}'_\gamma = [\tilde{r}'^{-}_\gamma, \tilde{r}'^{+}_\gamma] = [r'_1 - (1-\gamma)\alpha'_r, \ r'_2 + (1-\gamma)\beta'_r] \quad (6\text{-}54)$$

$$\tilde{\sigma}_\gamma = [\tilde{\sigma}_\gamma^-, \tilde{\sigma}_\gamma^+] = [\sigma_1 - (1-\gamma)\alpha_\sigma, \ \sigma_2 + (1-\gamma)\beta_\sigma] \quad (6\text{-}55)$$

$$\tilde{r}_\gamma = [\tilde{r}_\gamma^-, \tilde{r}_\gamma^+] = [r_1 - (1-\gamma)\alpha_r, \ r_2 + (1-\gamma)\beta_r] \quad (6\text{-}56)$$

将式（6-53）~（6-56）分别代入第 6.2 节所建模型中，求出相关模糊数的 γ-截集清晰形式，为了清楚起见，我们根据评估方法来求各模糊数清晰形式，具体有：

(1) 二项式树评估模型的模糊数清晰形式。

将式（6-53）和式（6-57）代入式（6-6）、式（6-7）中，可以得到

$$(\tilde{V})_\gamma^- = \left(I_1 + \frac{p_1 I_2}{\{1 + [r_1 - (1-\gamma)\alpha_r]\}^{t_1}} + \frac{p_1 p_2 I_3}{\{1 + [r_1 - (1-\gamma)\alpha_r]\}^{t_1 + t_2}} \right)$$

$$(6\text{-}57)$$

$$(\tilde{V})_{\gamma}^{+} = \Big(\frac{(1-p_1)E_1^-}{\{1+[r_1-(1-\gamma)\alpha_r]\}^{t_1}} + \frac{p_1(1-p_2)E_2^-}{\{1+[r_1-(1-\gamma)\alpha_r]\}^{t_1+t_2}} +$$

$$\frac{p_1 p_2 [E_2 + (1-\gamma)\beta_E]}{\{1+[r_1-(1-\gamma)\alpha_r]\}^{t_1+t_2}} \Big)$$

$$- \Big[I_1 + \frac{p_1 I_2}{\{1+[r_2+(1-\gamma)\beta_r]\}^{t_1}} + \frac{p_1 p_2 I_3}{\{1+[r_2+(1-\gamma)\beta_r]\}^{t_1+t_2}} \Big]$$

(6-58)

同理，可以得到 $\tilde{V}$ 的可能性均值 $\tilde{M}(\tilde{V})$ 和可能性方差 $Var(\tilde{V})$ 的清晰形式。

(2) 传统价值评估模型的模糊数清晰形式。

将式 (6-54) 和式 (6-55) 代入式 (6-13)、式 (6-14) 中，可以得到

$$(\tilde{V}_{NPV})_{\gamma}^{-} = \Big(\frac{(1-q_1)E_1^-}{\{1+[r'_2+(1-\gamma)\beta_r']\}^{t_1}} + \frac{q_1(1-q_2)E_2^-}{\{1+[r'_2+(1-\gamma)\beta_r']\}^{t_1+t_2}} +$$

$$\frac{q_1 q_2 [E_1 - (1-\gamma)\alpha_E]}{\{1+[r'_2+(1-\gamma)\beta_r']\}^{t_1+t_2}} \Big)$$

$$- \Big(I_1 + \frac{q_1 I_2}{\{1+[r'_1-(1-\gamma)\alpha_r']\}^{t_1}} + \frac{q_1 q_2 I_3}{\{1+[r'_1-(1-\gamma)\alpha_r']\}^{t_1+t_2}} \Big)$$

(6-59)

$$(\tilde{V}_{NPV})_{\gamma}^{+} = \Big(\frac{(1-q_1)E_1^-}{\{1+[r'_1-(1-\gamma)\alpha_r']\}^{t_1}} + \frac{q_1(1-q_2)E_2^-}{\{1+[r'_1-(1-\gamma)\alpha_r']\}^{t_1+t_2}} +$$

$$\frac{q_1 q_2 [E_2 + (1-\gamma)\beta_E]}{\{1+[r'_1-(1-\gamma)\alpha_r']\}^{t_1+t_2}} \Big)$$

$$- \Big(I_1 + \frac{q_1 I_2}{\{1+[r'_2+(1-\gamma)\beta_r']\}^{t_1}} + \frac{q_1 q_2 I_3}{\{1+[r'_2+(1-\gamma)\beta_r']\}^{t_1+t_2}} \Big)$$

(6-60)

同理，可以得到传统净现值 $\tilde{V}_{NPV}$ 的可能性均值 $\bar{M}(\tilde{V}_{NPV})$ 和可能性方差 $Var(\tilde{V}_{NPV})$ 的清晰形式。

（3）B-S 评估模型的模糊数清晰形式。

将式（6-53）、式（6-56）和式（6-57）代入式（6-23）~（6-28）中，可以得到

$$(\tilde{F}_C)_\gamma^- = [E_1 - (1-\gamma)\alpha_E]N[(\tilde{d}_1)_\gamma^-] - Ie^{-[r_1-(1-\gamma)\alpha_r]T}N[(\tilde{d}_2)_\gamma^+] \tag{6-61}$$

$$(\tilde{F}_C)_\gamma^+ = [E_2 + (1-\gamma)\beta_E]N[(\tilde{d}_1)_\gamma^+] - Ie^{-[r_2+(1-\gamma)\beta_r]T}N((\tilde{d}_2)_\gamma^-) \tag{6-62}$$

$$(\tilde{d}_1)_\gamma^- = \frac{\ln\left[\dfrac{E_1 - (1-\gamma)\alpha_E}{I}\right] + \{r_1 - (1-\gamma)\alpha_r + \dfrac{1}{2}[\sigma_1 - (1-\gamma)\alpha_\sigma]^2\}T}{[\sigma_2 + (1-\gamma)\beta_\sigma]\sqrt{T}} \tag{6-63}$$

$$(\tilde{d}_1)_\gamma^+ = \frac{\ln\left[\dfrac{E_2 + (1-\gamma)\beta_E}{I}\right] + \{r_2 + (1-\gamma)\beta_r + \dfrac{1}{2}[\sigma_2 + (1-\gamma)\beta_\sigma]^2\}T}{[\sigma_1 - (1-\gamma)\alpha_\sigma]\sqrt{T}} \tag{6-64}$$

$$(\tilde{d}_2)_\gamma^- = (\tilde{d}_1)_\gamma^- - [\sigma_2 + (1-\gamma)\beta_\sigma]\sqrt{T} \tag{6-65}$$

$$(\tilde{d}_2)_\gamma^+ = (\tilde{d}_1)_\gamma^+ - [\sigma_1 - (1-\gamma)\alpha_\sigma]\sqrt{T} \tag{6-66}$$

同理，可以得到 B-S 期权值 $\tilde{F}$ 的可能性均值 $\bar{M}(\tilde{F})$ 和可能性方差 $Var(\tilde{F})$ 的清晰形式。

（4）复合期权评估模型的模糊数清晰形式。

将式（6-53）、式（6-56）和式（6-57）代入式（6-39）~（6-44）中，可以得到

$$(\tilde{F})_\gamma^- = [E_1 - (1-\gamma)\alpha_E]e^{-[r_2+(1-\gamma)\beta_r]T}N_2\{\tilde{a}_\gamma^- + [\sigma_1 - (1-\gamma)\alpha_\sigma]\sqrt{t},$$
$$\tilde{b}_\gamma^- + [\sigma_1 - (1-\gamma)\alpha_\sigma]\sqrt{t}; \rho\} - I_3 e^{-[r_1-(1-\gamma)\alpha_r]T}N_2(\tilde{a}_\gamma^+, \tilde{b}_\gamma^+; \rho)$$
$$- I_2 e^{-[r_1-(1-\gamma)\alpha_r]t}N(\tilde{a}_\gamma^+) \tag{6-67}$$

$$(\tilde{F})_\gamma^+ = [E_2 + (1-\gamma)\beta_E]e^{-[r_1-(1-\gamma)\alpha_r]T}N_2\{\tilde{a}_\gamma^+ + [\sigma_2 + (1-\gamma)\beta_\sigma]\sqrt{t},$$
$$\tilde{b}_\gamma^+ + [\sigma_2 + (1-\gamma)\beta_\sigma]\sqrt{t}; \rho\} - I_3 e^{-[r_2+(1-\gamma)\beta_r]T}N_2(\tilde{a}_\gamma^-, \tilde{b}_\gamma^-; \rho)$$
$$- I_2 e^{-[r_2+(1-\gamma)\beta_r]t}N(\tilde{a}_\gamma^-) \tag{6-68}$$

$$\tilde{a}_\gamma^- = \frac{\ln\dfrac{E_1 - (1-\gamma)\alpha_E}{(\tilde{F}_C)_\gamma^+} + \{[r_1 - (1-\gamma)\alpha_r] - \dfrac{1}{2}[\sigma_2 + (1-\gamma)\beta_\sigma]^2\}t}{[\sigma_2 + (1-\gamma)\beta_\sigma]\sqrt{t}} \tag{6-69}$$

$$\tilde{a}_\gamma^+ = \frac{\ln\dfrac{E_2 + (1-\gamma)\beta_E}{(\tilde{F}_C)_\gamma^-} + \{r_2 + (1-\gamma)\beta_r - \dfrac{1}{2}[\sigma_1 - (1-\gamma)\alpha_\sigma]^2\}t}{[\sigma_1 - (1-\gamma)\alpha_\sigma]\sqrt{t}} \tag{6-70}$$

$$\tilde{b}_\gamma^- = \frac{\ln\dfrac{E_1 - (1-\gamma)\alpha_E}{I_3} + \{r_1 - (1-\gamma)\alpha_r - \dfrac{1}{2}[\sigma_2 + (1-\gamma)\beta_\sigma]^2\}T}{[\sigma_2 + (1-\gamma)\beta_\sigma]\sqrt{T}} \tag{6-71}$$

$$\tilde{b}_\gamma^+ = \frac{\ln\dfrac{E_2 + (1-\gamma)\beta_E}{I_3} + \{r_2 + (1-\gamma)\beta_r - \dfrac{1}{2}[\sigma_1 - (1-\gamma)\alpha_\sigma]^2\}T}{[\sigma_1 - (1-\gamma)\alpha_\sigma]\sqrt{T}} \tag{6-72}$$

$(\tilde{F}_C)_\gamma^-$ 和 $(\tilde{F}_C)_\gamma^+$ 由 B-S 模型中式 (6-62)、式 (6-63) 类似求出，这里不再赘述。

同理，可以得到复合期权值 $\tilde{F}$ 的可能性均值 $\bar{M}(\tilde{F})$ 和可能性方差 $Var(\tilde{F})$ 的清晰形式。

第四节 数值例子

根据上面的定价模型，给定信心水平（Confidence Level）γ 和模糊数形式，我们就可以计算出相应的价值区间、可能性均值和可能性方差，从而可以对高新技术虚拟企业价值进行评估。我们以考虑专家意见的前向虚拟型 HNTVE 的价值评估作为实例，具体评估流程还是遵循图4-6——基于产品的高新技术虚拟企业价值评估流程图，只是为了对比说明，在这里假设被评估对象特征已经确定其类型，下面为具体例子。

假设现有一盟主企业需要组建一家前向虚拟型高新技术虚拟企业，该投资行为的期权特性已在前面进行分析了，对于该前向虚拟型高新技术虚拟企业价值评估可以选择两期二项式树法、传统价值评估法和复合期权法等进行建模，具体过程与结果详见本书第五章内容。

假设 HNTVE 初期投资 $I_1 = 3000$ 万元进行虚拟研发，如果 R&D 成功，将再投入 $I_2 = 5000$ 万元进行虚拟生产并商业化投资，假设公司估计虚拟研发阶段 R&D 成果有 $q_1 = 70\%$ 的机会成功，就做出下一步虚拟生产投资决策；虚拟生产有 $q_2 = 60\%$ 的成功概率就投资 $I_3 = 4000$ 万元进行产品营销与商业化；虚拟研发时间 $t_1 = 1$ 年，虚拟生产时间 $t_2 = 1$ 年，则整个虚拟时间 $T = 2$ 年；虚拟研发解体残值 $E_1^- = 500$ 万元，虚拟生产解体残值 $E_2^- = 1000$ 万元；贴现率 $r = 1.2$；风险中性概率 $p_1 = 0.65$，$p_2 = 0.78$。

由于企业未来现金流现值 E、标的资产收益的波动率 σ、贴现率 r'

和无风险利率 r 等都需要进行预测估计,现通过专家咨询,参考了多位专家意见后,上述变量值无法用某个确定值来表示,为此,使用模糊数更能反映各位专家意见。假设经专家咨询后,组成虚拟企业后未来所有现金流现值 E、标的资产收益的波动率 $\tilde{\sigma}$、贴现率 r' 和无风险利率 r 都是梯形模糊数,分别为 $E = (40000, 45000, 1000, 2000)$,标的资产收益的波动率 $\sigma = (0.3, 0.35, 0.05, 0.03)$,$r' = (1.15, 1.25, 0.05, 0.05)$,$r = (0.06, 0.09, 0.02, 0.01)$,信度 $\gamma = 0.9$。

下面根据上述数据利用二项式树法、传统价值评估法和复合期权法分别进行 HNTVE 价值评估。

一、二项式树法

将上述数据代入式 (66-57) ~ (6-58),可得

$$(\tilde{V})_\gamma^- = \left(\frac{(1-p_1)E_1^-}{\{1+[r_2+(1-\gamma)\beta_r]\}^{t_1}} + \frac{p_1(1-p_2)E_2^-}{\{1+[r_2+(1-\gamma)\beta_r]\}^{t_1+t_2}} \right.$$

$$\left. + \frac{p_1 p_2([E_1-(1-\gamma)\alpha_E])}{\{1+[r_2+(1-\gamma)\beta_r]\}^{t_1+t_2}} \right)$$

$$- \left(I_1 + \frac{p_1 I_2}{\{1+[r_1-(1-\gamma)\alpha_r]\}^{t_1}} + \frac{p_1 p_2 I_3}{\{1+[r_1-(1-\gamma)\alpha_r]\}^{t_1+t_2}} \right)$$

$$= \left(\frac{(1-0.65) \times 500}{[1+(0.09+0.1\times0.01)]^1} + \frac{0.65 \times 0.22 \times 1000}{[1+(0.09+0.1\times0.01)]^2} \right.$$

$$\left. + \frac{0.65 \times 0.78 \times ((40000-0.1\times1000))}{[1+(0.09+0.1\times0.01)]^2} \right)$$

$$= 9406 \text{(万元)}$$

$$(\tilde{V})_\gamma^+ = \left(\frac{(1-p_1)E_1^-}{\{1+[r_1-(1-\gamma)\alpha_r]\}^{t_1}} + \frac{p_1(1-p_2)E_2^-}{\{1+[r_1-(1-\gamma)\alpha_r]\}^{t_1+t_2}} \right.$$

$$+ \frac{p_1 p_2 [E_2 + (1-\gamma)\beta_E]}{\{1 + [r_1 - (1-\gamma)\alpha_r]\}^{t_1+t_2}} \bigg)$$

$$- \bigg(I_1 + \frac{p_1 I_2}{\{1 + [r_2 + (1-\gamma)\beta_r]\}^{t_1}} + \frac{p_1 p_2 I_3}{\{1 + [r_2 + (1-\gamma)\beta_r]\}^{t_1+t_2}} \bigg)$$

$$= \bigg(\frac{(1-0.65) \times 500}{(1 + 0.06 - 0.1 \times 0.02)} + \frac{0.65 \times 0.22 \times 1000}{[1 + (0.06 - 0.1 \times 0.02)]^2}$$

$$+ \frac{0.65 \times 0.78 \times (45000 + 0.1 \times 2000)}{[1 + (0.06 - 0.1 \times 0.02)]^2} \bigg)$$

$$- \bigg(3000 + \frac{0.65 \times 5000}{[1 + (0.09 + 0.1 \times 0.05)]} + \frac{0.65 \times 0.78 \times 4000}{[1 + (0.09 + 0.1 \times 0.05)]^2} \bigg)$$

$$= 13107 \text{（万元）}$$

所以，该 HNTVE 的价值取值范围为 [9406, 13107]（万元）。

同样，得到 HNTVE 的价值 $\tilde{V}$ 的可能性均值和可能性方差分别为

$$\bar{M}(\tilde{V}) = \int_0^1 \gamma((\tilde{V})_\gamma^- + (\tilde{V})_\gamma^+) d\gamma$$

$$= \int_0^1 \gamma(9406 + 13107) d\gamma$$

$$= 11257 \text{（万元）}$$

$$Var(\tilde{V}) = \int_0^1 \gamma([\bar{M}(\tilde{V}) - (\tilde{V})_\gamma^-]^2 + [\bar{M}(\tilde{V}) - (\tilde{V})_\gamma^+]^2) d\gamma$$

$$= \int_0^1 \gamma[(11257 - 9406)^2 + (11257 - 13107)^2] d\gamma$$

$$= 6848701$$

即 $\tilde{V}$ 的标准差为 2617 万元。

二、传统价值评估法

将上述数据代入式（6-59）~（6-60），可得

<<< 第六章 高新技术虚拟企业价值模糊评估模型

$$(\tilde{V}_{\text{NPV}})_\gamma^- = \Big(\frac{(1-q_1)E_1^-}{\{1+[r_2'+(1-\gamma)\beta_r']\}^{t_1}} + \frac{q_1(1-q_2)E_2^-}{\{1+[r_2'+(1-\gamma)\beta_r']\}^{t_1+t_2}}$$

$$+ \frac{q_1 q_2[E_1-(1-\gamma)\alpha_E]}{\{1+[r_2'+(1-\gamma)\beta_r']\}^{t_1+t_2}}\Big)$$

$$- \Big(I_1 + \frac{q_1 I_2}{\{1+[r_1'-(1-\gamma)\alpha_r']\}^{t_1}}$$

$$+ \frac{q_1 q_2 I_3}{\{1+[r_1'-(1-\gamma)\alpha_r']\}^{t_1+t_2}}\Big)$$

$$= \Big(\frac{(1-0.7)\times 500}{\{1+[0.25+(1-0.9)\times 0.05]\}}$$

$$+ \frac{0.7\times 0.4\times 1000}{[1+(0.25+0.1\times 0.05)]^2}$$

$$+ \frac{0.7\times 0.6\times (40000-0.1\times 1000)}{[1+(0.25+0.1\times 0.05)]^2}\Big)$$

$$- \Big(3000 + \frac{0.7\times 5000}{[1+(0.15-0.1\times 0.05)]} + \frac{0.7\times 0.6\times 4000}{(1+(0.15-0.1\times 0.05)^2}\Big)$$

$$= 3595 \text{(万元)}$$

$$(\tilde{V}_{\text{NPV}})_\gamma^+ = \Big(\frac{(1-q_1)E_1^-}{\{1+[r_1'-(1-\gamma)\alpha_r']\}^{t_1}} + \frac{q_1(1-q_2)E_2^-}{\{1+[r_1'-(1-\gamma)\alpha_r']\}^{t_1+t_2}}$$

$$+ \frac{q_1 q_2[E_2+(1-\gamma)\beta_E]}{\{1+[r_1'-(1-\gamma)\alpha_r']\}^{t_1+t_2}}\Big)$$

$$- \Big(I_1 + \frac{q_1 I_2}{\{1+[r_2'+(1-\gamma)\beta_r']\}^{t_1}} + \frac{q_1 q_2 I_3}{\{1+[r_2'+(1-\gamma)\beta_r']\}^{t_1+t_2}}\Big)$$

$$= \Big(\frac{(1-0.7)\times 500}{\{1+[0.15-(1-0.9)\times 0.05]\}}$$

$$+ \frac{0.7\times 0.4\times 1000}{[1+(0.15-0.1\times 0.05)]^2}$$

201

$$+\frac{0.7\times0.6\times(45000+0.1\times2000)}{[1+(0.15-0.1\times0.05)]^2}\bigg)$$

$$-\bigg(3000+\frac{0.7\times5000}{[1+(0.25+0.1\times0.05)]}+\frac{0.7\times0.6\times4000}{(1+(0.25+0.1\times0.05)^2}\bigg)$$

$$=7969\text{（万元）}$$

所以，该 HNTVE 的价值取值范围为 [3595，7969] 万元。

同样，得到 HNTVE 的价值 $\tilde{V}$ 的可能性均值和可能性方差分别为

$$\bar{M}(\tilde{V}_{NPV})=\int_0^1\gamma[(\tilde{V}_{NPV})_\gamma^- + (\tilde{V}_{NPV})_\gamma^+]d\gamma$$

$$=\int_0^1\gamma(3595+7969)d\gamma$$

$$=5782\text{（万元）}$$

$$Var(\tilde{V}_{NPV})=\int_0^1\gamma\{[\bar{M}(\tilde{V}_{NPV})-(\tilde{V}_{NPV})_\gamma^-]^2+[\bar{M}(\tilde{V}_{NPV})-(\tilde{V}_{NPV})_\gamma^+]^2\}d\gamma$$

$$=\int_0^1\gamma[(5782-3595)^2+(5782-7969)^2]d\gamma$$

$$=4782969$$

即 $\tilde{V}$ 的标准差为 2187 万元。

三、复合期权法

对于复合期权的求解，本书选用 Geske 复合期权模型，先计算第二个实物期权值 F_C，然后再计算复合期权值。

（一）计算第二个实物期权值 F_C

将上述原始数据代入式（6-63）~（6-66），可得

$$(\tilde{d}_1)_\gamma^- = \frac{\ln\left[\frac{E_1-(1-\gamma)\alpha_E}{I_3}\right]+\{r_1-(1-\gamma)\alpha_r+\frac{1}{2}[\sigma_1-(1-\gamma)\alpha_\sigma]^2\}T}{[\sigma_2+(1-\gamma)\beta_\sigma]\sqrt{T}}$$

$$= 1.8135$$

$$(\tilde{d}_1)_\gamma^+ = \frac{\ln\left[\dfrac{E_2 + (1-\gamma)\beta_E}{I_3}\right] + \left\{r_2 + (1-\gamma)\beta_r + \dfrac{1}{2}[\sigma_2 + (1-\gamma)\beta_\sigma]^2\right\}T}{[\sigma_1 - (1-\gamma)\alpha_\sigma]\sqrt{T}}$$

$$= 2.082$$

$$(\tilde{d}_2)_\gamma^- = (\tilde{d}_1)_\gamma^- - [\sigma_2 + (1-\gamma)\beta_\sigma]\sqrt{T}$$

$$= 1.3138$$

$$(\tilde{d}_2)_\gamma^+ = (\tilde{d}_1)_\gamma^+ - [\sigma_1 - (1-\gamma)\alpha_\sigma]\sqrt{T}$$

$$= 1.6607$$

查正态分布表，得 $N[(\tilde{d}_1)_\gamma^+] = N(2.082) = 0.9812$

$N[(\tilde{d}_1)_\gamma^-] = N(1.8135) = 0.9603$

$N[(\tilde{d}_2)_\gamma^-] = N(1.3138) = 0.9065$

$N[(\tilde{d}_2)_\gamma^+] = N(1.6607) = 0.9516$

将上述各值代入式（6-61）、式（6-62）得

$$(\tilde{F}_C)_\gamma^- = [E_1 - (1-\gamma)\alpha_E]N[(\tilde{d}_1)_\gamma^-] - I_3 e^{-[r_1-(1-\gamma)\alpha_r]T}N[(\tilde{d}_2)_\gamma^+]$$

$$= 34041 \text{（万元）}$$

$$(\tilde{F}_C)_\gamma^+ = [E_2 + (1-\gamma)\beta_E]N[(\tilde{d}_1)_\gamma^+]$$

$$= 40923 \text{（万元）}$$

得到 HNTVE 的期权价值 $\tilde{F}_C$ 的可能性均值为

$$\bar{M}(\tilde{F}_C) = \int_0^1 \gamma[(\tilde{F}_C)_\gamma^- + (\tilde{F}_C)_\gamma^+]d\gamma = 37482 \text{（万元）}$$

(二) 计算复合期权值

将 $\tilde{F}_C = 37482$ 万元及相关原始数据代入式（6-69）~（6-72），

可得

$$\tilde{a}_\gamma^- = \frac{\ln\dfrac{E_1 - (1-\gamma)\alpha_E}{(\tilde{F}_C)_\gamma^+} + \left\{[r_1 - (1-\gamma)\alpha_r] - \dfrac{1}{2}[\sigma_2 + (1-\gamma)\beta_\sigma]^2\right\}t}{[\sigma_2 + (1-\gamma)\beta_\sigma]\sqrt{t}}$$

$$= 0.2074$$

$$\tilde{a}_\gamma^+ = \frac{\ln\left[\dfrac{E_2 + (1-\gamma)\beta_E}{(\tilde{F}_C)_\gamma^-}\right] + \left\{r_2 + (1-\gamma)\beta_r - \dfrac{1}{2}[\sigma_1 - (1-\gamma)\alpha_\sigma]^2\right\}t}{[\sigma_1 - (1-\gamma)\alpha_\sigma]\sqrt{t}}$$

$$= 1.0204$$

$$\tilde{b}_\gamma^- = \frac{\ln\left[\dfrac{E_1 - (1-\gamma)\alpha_E}{I_3}\right] + \left\{r_1 - (1-\gamma)\alpha_r - \dfrac{1}{2}[\sigma_2 + (1-\gamma)\beta_\sigma]^2\right\}T}{[\sigma_2 + (1-\gamma)\beta_\sigma]\sqrt{T}}$$

$$= 2.6072$$

$$\tilde{b}_\gamma^+ = \frac{\ln\dfrac{E_2 + (1-\gamma)\beta_E}{I_3} + \left\{r_2 + (1-\gamma)\beta_r - \dfrac{1}{2}[\sigma_1 - (1-\gamma)\alpha_\sigma]^2\right\}T}{[\sigma_1 - (1-\gamma)\alpha_\sigma]\sqrt{T}}$$

$$= 3.2614$$

从而，可以计算出

$$N_2\{\tilde{a}_\gamma^- + [\sigma_1 - (1-\gamma)\alpha_\sigma]\sqrt{t},\ \tilde{b}_\gamma^- + [\sigma_1 - (1-\gamma)\alpha_\sigma]\sqrt{t};\ \rho\}$$
$$= 0.3269$$

$$N_2\{\tilde{a}_\gamma^+ + [\sigma_2 + (1-\gamma)\beta_\sigma]\sqrt{t},\ \tilde{b}_\gamma^+ + [\sigma_2 + (1-\gamma)\beta_\sigma]\sqrt{t};\ \rho\}$$
$$= N_2(1.3734,\ 3.6164;\ 0.7071)$$
$$= 0.5729$$

$$N_2(\tilde{a}_\gamma^+,\ \tilde{b}_\gamma^+;\ \rho) = N_2(1.0204,\ 3.2614;\ 0.7071) = 0.3852$$

$$N_2(\tilde{a}_\gamma^-,\ \tilde{b}_\gamma^-;\ \rho) = N_2(0,2074,\ 2.6072;\ 0.7071) = 0.1847$$

$N(\tilde{a}_\gamma^-) = N(0.2074) = 0.5815$

$N(\tilde{a}_\gamma^+) = N(1.0204) = 0.8452$

将上述结果代入式（6-67）、式（6-68），可得

$$(\tilde{F})_\gamma^- = [E_1 - (1-\gamma)\alpha_E]e^{-[r_2+(1-\gamma)\beta_r]T}N_2\{\tilde{a}_\gamma^- + [\sigma_1 - (1-\gamma)\alpha_\sigma]\sqrt{t},$$
$$\tilde{b}_\gamma^- + [\sigma_1 - (1-\gamma)\alpha_\sigma]\sqrt{t}; \rho\} - I_3 e^{-[r_1-(1-\gamma)\alpha_r]T}N_2(\tilde{a}_\gamma^+, \tilde{b}_\gamma^+;$$
$$\rho) - I_2 e^{-[r_1-(1-\gamma)\alpha_r]t}N(\tilde{a}_\gamma^+)$$

$$= 39900 e^{-0.091 \times 2} \times 0.3269 - 4000 e^{-0.058 \times 2} \times 0.3852$$
$$- 5000 e^{-0.058} \times 0.8452$$

$$= 5510 \text{（万元）}$$

$$(\tilde{F})_\gamma^+ = [E_2 + (1-\gamma)\beta_E]e^{-[r_1-(1-\gamma)\alpha_r]T}N_2\{\tilde{a}_\gamma^+ + [\sigma_2 + (1-\gamma)\beta_\sigma]\sqrt{t},$$
$$\tilde{b}_\gamma^+ + [\sigma_2 + (1-\gamma)\beta_\sigma]\sqrt{t}; \rho\} - I_3 e^{-[r_2+(1-\gamma)\beta_r]T}N_2(\tilde{a}_\gamma^-, \tilde{b}_\gamma^-;$$
$$\rho) - I_2 e^{-[r_2+(1-\gamma)\beta_r]t}N(\tilde{a}_\gamma^-)$$

$$= 45200 e^{-0.058 \times 2} \times 0.5729 - 4000 e^{-0.091 \times 2} \times 0.1847 - 5000 e^{-0.091}$$
$$\times 0.5815$$

$$= 19788 \text{（万元）}$$

所以，该 HNTVE 复合期权值 $\tilde{F}$ 的区间范围为 [5510, 19788] 万元

同样，我们可以得到 $\tilde{F}$ 的可能性均值和可能性方差分别为：

$$\bar{M}(\tilde{F}) = \int_0^1 \gamma\{(\tilde{F})_\gamma^- + (\tilde{F})_\gamma^+\}d\gamma$$

$$= 12649（\text{万元}）$$

$$Var(\tilde{F}) = \int_0^1 \gamma\{[\bar{M}(\tilde{F}) - (\tilde{F})_\gamma^-]^2 + [\bar{M}(\tilde{F}) - (\tilde{F})_\gamma^+]^2\}d\gamma$$

$$= 50965321$$

复合期权 $\tilde{F}$ 取值的标准差 $\sigma_{\tilde{F}} = 7139$（万元）

根据前面的分析，可以求出前向型 HNTVE 价值：

HNTVE 价值 V = 常规的 NPV_{DCF} + 期权价值 F

$= 7969 + 12649 = 20618$（万元）

即使用复合期权法求得的 HNTVE 价值为 20618 万元。

四、结论

模糊环境下，使用二项式树法评估得到前向虚拟型高新技术虚拟企业价值为 13107 万元；使用传统价值评估法评估得到前向虚拟型高新技术虚拟企业价值为 7969 万元；使用复合期权法评估得到前向虚拟型高新技术虚拟企业价值为 20618 万元，可见，三种评估方法的结果差异比较大，其中复合期权法评估结果为最高。对于传统价值评估方法，因其没有考虑未来投资机会的价值，其评估结果往往会低估评估对象价值；二项式树法需要考虑未来机会的价值，但对于本例中因包含两个具有因果关系的实物期权，而二项式树法没有考虑两个实物期权之间的相互影响，而复合期权方法比较好地体现了这一点，本例中复合期权方法评估的结果比较科学、准确。

结 论

本书先对高新技术虚拟企业相关理论进行文献综述和梳理,并对几个重要的研究概念进行重新界定;然后从不同角度对高新技术虚拟企业进行分类,对高新技术虚拟企业的特征进行描述,从复杂动态性和经济学特性两个方面对高新技术虚拟企业的成长过程进行分析,从静态风险和动态风险两个方面对高新技术虚拟企业所蕴含的各种风险进行研究,从虚拟研发、虚拟生产、虚拟销售和基于生命周期理论四个方面对高新技术虚拟企业价值影响进行分析;在此基础上,建立了基于产品的高新技术虚拟企业价值评估框架,构建了不同评估方法的高新技术虚拟企业价值评估模型,以及高新技术虚拟企业价值模糊评估模型,并进行了实例分析。具体结论如下:

(1) 通过对各种企业价值评估方法的比较分析,认为传统价值评估方法已经不适合评估高新技术虚拟企业这类具有未来投资机会的企业价值,而将传统价值评估法与实物期权法相结合来评估高新技术虚拟企业价值,是一种比较好的选择。

(2) 高新技术虚拟企业是一种完全不同于一般企业的新型企业组织形式,其价值构成、价值形成机理也完全不同于一般的企业。本书从复杂动态性和经济学特性两个方面对高新技术虚拟企业的成长过程进行分析；从静态风险和动态风险两个方面对高新技术虚拟企业所蕴含的各种风险进行分析；从虚拟研发、虚拟生产、虚拟销售和基于生命周期理论四方面对高新技术虚拟企业价值影响进行分析。这样通过对高新技术虚拟企业的特征、价值构成进行全方位分析和描述，为后面建立各种评估模型打下理论基础。

（3）建立了基于产品的高新技术虚拟企业价值评估一般框架。认为不管哪种类型的高新技术虚拟企业，当进行价值评估时都要遵循如下评估流程：高新技术虚拟企业类型识别——高新技术虚拟企业期权价值特性分析——评估方法选择与比较——确定最佳评估方法与模型——应用。

（4）构建不同评估方法下的高新技术虚拟企业价值评估模型，包括基于传统 NPV 法的高新技术虚拟企业价值评估模型、基于二项式树法的高新技术虚拟企业价值评估模型、基于 B-S 的高新技术虚拟企业价值评估模型和基于复合期权的高新技术虚拟企业价值评估模型，并分别以东软集团 CT 扫描机项目组建的虚拟生产型高新技术虚拟企业、小米科技智能手机项目组建的前向虚拟型高新技术虚拟企业以及天津一品科技"背背佳"产品全组合虚拟型高新技术虚拟企业为例进行实例分析。实践表明，对于单一模式虚拟型的虚拟生产型高新技术虚拟企业价值评估，选择实物期权方法比较合适；对于双组合虚拟型的前向虚拟型高新技术虚拟企业和全组合虚拟型高新技术虚拟企业的价值评估，选择复合期权方法比较合适。

（5）建立了高新技术虚拟企业价值模糊评估模型。在未来预期现金流现值 $\tilde{V}$、标的资产价格波动率 $\tilde{\sigma}$、折现率 $\tilde{r'}$ 和无风险利率 $\tilde{r}$ 都是模糊数情况下，构建高新技术虚拟企业的价值模糊评估模型。先建立了一般模糊数形式下各种不同方法的高新技术虚拟企业价值评估模型，包括基于模糊净现值法的高新技术虚拟企业价值评估模型、基于模糊二项式树法的高新技术虚拟企业价值评估模型、基于模糊 B-S 的高新技术虚拟企业价值评估模型和基于模糊复合期权方法的高新技术虚拟企业价值评估模型；在此基础上，构建了特定模糊数形式下各种类型的高新技术虚拟企业价值评估模型。最后，以数值例子进行说明，即假定未来预期现金流现值 V、标的资产价格波动率 $\bar{\sigma}$、折现率 r' 和无风险利率 $\bar{r}$ 都是梯形模糊数，来求解前向虚拟型高新技术虚拟企业价值。

附录　实物期权方法在我国的应用现状问卷调查表

各位尊敬的朋友：

你们好！为了进一步了解我国的价值评估方法的实际使用现状及使用中存在的问题，我们特进行这次问卷调查。本次调查仅供科学研究之用，并采用匿名形式，我们绝对保密，请您放心回答。谢谢您的合作！

1. 请问您属于哪种任职行业？

   A. 企业

   B. 咨询公司

   C. 政府部门

   D. 其他

2. 请问您所处的工作岗位为？

   A. 高层领导

   B. 中层领导

   C. 低层领导

   D. 其他

3. 进行项目评估时，您首先会考虑到使用何种价值评价方法？

A. DCF

B. NPV

C. 决策树方法

D. 其他

4. 您是否知道投资决策中有实物期权方法这种新工具？

A. 知道

B. 不知道

5. 当您进行项目评估时是否使用过实物期权方法？（选 B 的跳到问题 7）

A. 使用过

B. 从没使用过

6. 为什么不使用实物期权这种新工具？

A. 新方法太难

B. 不知道怎么使用

C. 旧方法足够了。

7. 如何处理具有不确定性项目的评估问题？

答：_____

_____

_____.

参考文献

一、著作类

[1] 陈剑, 冯蔚东. 虚拟企业构建与管理 [M]. 北京: 清华大学出版社, 2002.

[2] 王少豪. 高新技术企业价值评估 [M]. 北京: 中信出版社, 2002.

[3] 包国宪, 贾旭东. 虚拟企业与战略联盟案例点评 [M]. 北京: 中国人民大学出版社, 2007.

[4] 陈先达, 杨耕. 马克思主义哲学原理（第3版）[M]. 北京: 中国人民大学出版社, 2010.

[5] [美] 马莎·阿姆拉姆, 纳林·库拉蒂拉卡. 实物期权——不确定性环境下的战略投资管理 [M]. 张维, 等译. 北京: 机械工业出版社, 2001.

[6] 尹国平. 企业虚拟价值研究 [M]. 北京: 经济日报出版社, 2013.

[7] 张旭蕾. 虚拟企业财务制度安排研究 [M]. 成都: 西南财经

大学出版社，2018.

［8］FISHER I. The Nature of Capital and Income ［M］. New York： Macmillan Company，1906.

［9］FISHER I. The Rate of Interest：Its Nature，Determination and Relation to Economic phenomena ［M］. New York：Macmillan Company，1907.

［10］FISHER I. The Theory of Interest ［M］. New York：Macmillan Company，1930.

［11］Kenneth Preiss，Steven L. Goldman，Roger N. Nagel. 21st Century Manufacturing Enterprise Strategy：an Industry-led View ［M］. Iacocco Institute，Lehigh University，1991.

［12］DAVIDOW W H，MALONE M S. The Corporation：Structuring and Revitalizing the corporation for the 21st Century ［M］. New York：Harper Business，a division of HarperCollins Publisher，1992.

［13］DIXIT A K，PINDYCK R S. Investment under Uncertainty ［M］. Princeton：Princeton University Press，1994.

［14］Trigeorgis，Lenos. Real Options in Capital Investment：Models，Strategies，and Application ［M］. Westport：Praeger，1995.

［15］TRIGEORGIS L. Real options ［M］. Cambridge：MIT press，1996.

［16］Trigeorgis，Lenos. Real Option：Managerial Flexibility and Strategies in Resource Allocation ［M］. Cambridge：MIT Press，1996.

［17］T. E. Copeland，T. Koller，J. Murrin. Valuation，Measuring and Managing the value of Companies ［M］. New York：Wiley，1996.

［18］P. H. SULLIVAN. Value Driven Intellectual Capital：How to Convert Intangible Corporate Assets Into Market Value ［M］. New York：John

Wiley & Sons, Inc, 2000.

[19] TOM C, VLADIMIR A, Vladimir. Real Option: a Practitioner's Guide [M]. New York: Texere, 2001.

二、期刊类

[1] 陈益升,刘鲁川．高技术概念定义的分析 [J]．自然辩证法通讯,1998 (5)．

[2] 陈小悦,杨潜林．实物期权的分析与估值 [J]．系统工程理论方法应用,1998 (3)．

[3] 郑德渊,李湛．基于不对称性风险的复合期权定价模型 [J]．系统工程理论与实践,2003 (2)．

[4] 叶飞,孙东川．面向生命周期的虚拟企业风险管理研究 [J]．科学学与科学技术管理,2004 (11)．

[5] 杜晓君．虚拟制造：中国制造业企业可供选择的发展途径——基于东软集团有限公司的案例研究 [J]．管理世界,2004 (2)．

[6] 李海舰,原磊．论无边界企业 [J]．中国工业经济,2005 (4)．

[7] 乔华．资源开发项目中实际期权的价值 [J]．世界经济,2000 (6)．

[8] 戴和忠．现实期权在R&D项目评价中的应用 [J]．科研管理,2000 (2)．

[9] 朱东辰,余津津．论风险投资中的风险企业价值评估：一种基于多阶段复合实物期权的分析 [J]．科研管理,2003 (4)．

[10] 齐安甜,张维．企业并购投资的期权特征及经济评价 [J]．系统工程,2001 (5)．

[11] 罗珉, 杜华勇. 平台领导的实质选择权 [J]. 中国工业经济, 2018 (2).

[12] 田鹤楠. 资源禀赋、企业家精神与高新技术企业的实物期权 [J]. 经济问题, 2018 (2).

[13] 周艳丽, 吴洋, 葛翔宇. 一类高新技术企业专利权价值的实物期权评估方法——基于跳扩散过程和随机波动率的美式期权的建模与模拟 [J]. 中国管理科学, 2016 (6).

[14] 齐安甜, 张维. 基于成长期权的企业价值评估模型 [J]. 管理工程学报, 2003 (1).

[15] 郑德渊. 基于跳跃过程的复合期权定价模型 [J]. 中国管理科学, 2004 (1).

[16] 蔡春, 陈孝. 虚拟企业价值评估研究 [J]. 经济学家, 2005 (3).

[17] 韩立岩, 周娟. Knight 不确定环境下基于模糊测度的期权定价模型 [J]. 系统工程理论与实践, 2007 (12).

[18] 陈菊红, 汪应洛. 虚拟企业: 跨世纪企业的崭新组织形式 [J]. 管理工程学报, 2000 (2).

[19] 张钢, 罗军. 组织网络化研究综述 [J]. 科学管理研究, 2003 (2).

[20] 李海舰, 冯丽. 企业价值来源及其理论研究 [J]. 中国工业经济, 2004 (3).

[21] 徐青. 西方企业价值评估方法研究综述 [J]. 现代管理科学, 2005 (7).

[22] 祝文达, 李洁, 胡志强. IPO 定价管制与新股质量: 基于实物期权的理论模型与实证研究 [J]. 系统工程理论与实践, 2021 (6).

[23] 郑莹，黄俊伟．基于实物期权逻辑对企业专利放弃的新诠释[J]．科学学研究，2020（6）．

[24] 李庆，周艳丽．光伏发电增值税优惠政策效应实物期权分析[J]．科研管理，2020（1）．

[25] 蒋洪迅，刘子合，许伟，等．面向违约风险的商业银行存款担保费率实物期权定价模型[J]．系统科学与数学，2019（7）．

[26] 周艳丽，李庆，葛翔宇．一类专利权价值的动态实物期权定价方法[J]．数理统计与管理，2019（5）．

[27] 屈晓娟，张华．创业板上市公司价值评估模型构建研究——基于灰色预测模型与实物期权的结合[J]．财会通讯，2019（5）．

[28] 周远祺，杨金强，刘洋．高能耗企业绿色转型技术的实物期权选择路线[J]．系统工程理论与实践，2019（1）．

[29] 周超，苏冬蔚．产能过剩背景下跨国经营的实物期权价值[J]．经济研究，2019（1）．

[30] 费为银，李亚．分数布朗环境下的实物期权与项目资本预算[J]．数理统计与管理，2014（3）．

[31] 齐美然，郭子雪．基于模糊实物期权理论的专利价值评估[J]．河北大学学报（自然科学版），2013（6）．

[32] 王小荣，张俊瑞．企业价值评估研究综述[J]．经济学动态，2003（7）．

[33] 左庆乐，刘杰．高新技术企业价值评估的基本问题探析[J]．中国资产评估，2001（6）．

[34] 肖翔．高新技术企业价值评估方法研究[J]．数量经济技术经济研究，2003（2）．

[35] 唐海仕，徐琼．转型经济条件下的高新技术企业价值评估研

究[J]. 北方经贸, 2003 (9).

[36] 文静. 高新技术企业价值评估的研究[J]. 商业研究, 2004 (21).

[37] 衣长军. 国外虚拟企业理论研究综述[J]. 商业时代, 1997 (14).

[38] 孙婧, 肖淑芳. 成长期高新技术企业价值评估的研究——基于贴现现金流量法[J]. 现代管理方法, 2005 (10).

[39] 章雁. 高新技术企业价值评估探讨[J]. 商业研究, 2005 (12).

[40] 宁文昕, 于明涛. 实物期权理论在高新技术企业价值评估中的应用[J]. 工业技术经济, 2006 (1).

[41] 张彤, 陈小燕, 章晓丽. B-S期权定价法在高新技术企业价值评估中的改进与测算过程[J]. 科技进步与对策, 2009 (5).

[42] 陈玲, 朱少洪, 李永泉, 等. 我国高新技术企业价值评估存在的问题及其对策研究[J]. 海峡科学, 2010 (2).

[43] 潘俊, 陈志红, 吕雪晶. 高新技术企业价值创造模式创新及其评估体系构建[J]. 科技与经济, 2011 (6).

[44] 颜莉, 黄卫来. 初创期高新技术企业价值评估研究[J]. 研究与发展管理, 2007 (6).

[45] 陈孝, 李小丹. 如何对虚拟企业价值进行评估[J]. 对外经贸财会, 2004 (11).

[46] 吴晓燕, 邱妘. 虚拟企业价值评估初探[J]. 财会通讯（学术版）, 2007 (11).

[47] 赵振武, 唐万生. 模糊实物期权理论在风险投资项目价值评价中的应用[J]. 北京理工大学学报, 2006 (1).

[48] 陈怡. 关于欧式看涨期权的模糊二叉树模型 [J]. 哈尔滨商业大学学报, 2007 (6).

[49] 徐忠爱. 企业边界理论发展的基本脉络 [J]. 商业研究, 2006 (19).

[50] 夏健明, 陈元志. 核心竞争力视角下的企业边界——基于价值链的分析 [J]. 经济管理, 2003 (4).

[51] 张晓昆, 范平. 虚拟企业边界探微 [J]. 经济论坛, 2003 (22).

[52] 刘兰剑, 邵红云. 虚拟组织边界范围模型研究——基于交易费用经济学的观点 [J]. 厦门理工学院学报, 2005 (12).

[53] 王继涛, 周梅华. 虚拟组织的边界问题 [J]. 管理现代化, 2007 (5).

[54] 杨国亮. 从策略性外包看虚拟企业的边界 [J]. 财政问题研究, 2010 (9).

[55] 王志华, 王跃. 企业价值评估方法比较研究 [J]. 企业导报, 2010 (3).

[56] 王棣华. 企业价值评估方法有关问题研究 [J]. 海南金融, 2007 (11).

[57] 黄新颖. 现金流量折现法在我国企业并购中的应用分析 [J]. 财会研究, 2010 (14).

[58] 方为, 贺松山. 基于经济附加值 (EVA) 的企业价值评估体系的研究 [J]. 价值工程, 2007 (8).

[59] 赵坤, 朱戎. 企业价值评估方法体系研究 [J]. 国际商务财会, 2010 (12).

[60] 刘照德, 张卫国. 实物期权理论在我国的应用现状和存在的

几个认识误区 [J]. 科学学与科学技术管理, 2009 (1).

[61] 王健康等. 实物期权研究述评 [J]. 金融理论与实践, 2005 (9).

[62] 曾宣超. 雷军讲述小米背后的故事: 曾给出天价数字买入场券 [J]. 环球企业家, 2012.8.

[63] Buchel. B. Managing partner relations in joint ventures [J]. MIT Sloan Management Review, 2003 (4).

[64] WALTON J., WHICKER L. Virtual Enterprise: Myth and Reality [J]. Journal of Control, 1996 (3).

[65] APPLEGATE L. M., MCFARLAN F. W., MAKENNEY J. L. Corporation Information System Management: Text and Case [J]. Irvin, 1996 (9).

[66] MYERS S C. Determinants of Capital borrowing [J]. Journal of Financial Economics, 1977 (2).

[67] KERRIDGE S, SLADE A. Supply point: electronic procurement using virtual supply chains-an overview [J]. Electronic Markets, 1998 (3).

[68] LI Y, SHAO X, LI P. Design and implementation of a process-oriented intelligent collaborative product design system [J]. Computers in Industry, 2004 (53).

[69] MERTON, R C. The Theory of Rational Option Pricing [J]. Bell Journal of Economics and Management Science, 1973 (4).

[70] MERTON, M H., FRANCO M. Dividend Policy, Growth, and the Valuation of Shares [J]. Journal of Business, 1961 (34).

[71] KESTER, W. Carl. Today's Option for Tomorrow's Growth [J].

Harvard Business Review, 1984 (62).

[72] Trigeorgis, Lenos, Mason S. P. Valuing Managerial Flexibility [J]. Midland Corporate Finance Journal, 1987 (5).

[73] DUTTA P. Optimal management of an R&D budget [J]. Journal of Economic Dynamics and Control, 1997 (21).

[74] ALVAREZ L H R, STENBACKA R. Adoption of Uncertain Multi-stage Technology Projects: a real options approach [J]. Journal of Mathematical Economics, 2001 (35).

[75] LIN W T. Computing a Multivariate Normal Integral for Valuing Compound Real Options [J]. Review of Quantitative Finance and Accounting, 2002 (18).

[76] MAJD S, PINDYCK R S. The Learning Curve and Optimal Production under Uncertainty [J]. RAND Journal of Economics, 1989 (20).

[77] CORTAZAR G, SCHWARTZ E S. A Compound Option Model of Production and Intermediate Inventories [J]. Journal of Business, 1993 (66).

[78] HUCHZERMEIER A, COHEN M A. Valuing Operational Flexibility under Exchange Rate Risk [J]. Operation Research, 1996 (44).

[79] SUNNEVAG K. An Option Pricing Approach to Exploration Licensing Strategy [J]. Resources Policy, 1998 (24).

[80] SYLVIA P, TRIGEORGIS L. Multi-stage Real Options: The Cases of Information Technology Infrastructure and International Bank Expansion [J]. The Quarterly Review of Economics and Finance, 1998 (38).

[81] LEE J, PAXSON D A. Valuation of R&D Real American Sequential Exchange Options [J]. R&D Management, 2001 (31).

[82] JENSEN K, WARREN P. The Use of Options Theory to Value Research in the Service Sector [J]. R&D Management, 2001 (31).

[83] HERATH H S B, PARK C S. Multi-Stage Capital Investment Opportunities As Compound Real Options [J]. The Engineering Economist, 2002 (47).

[84] L. A. ZADEH. Fuzzy sets [J]. Information and Control, 1965 (8).

[85] L. A. Zadeh. Fuzzy sets as a basis for a theory of possibility [J]. Fuzzy Sets and Systems, 1978 (1).

[86] KUCHTA D. Fuzzy Capital Budgeting [J]. Fuzzy Sets and Systems, 2000 (3).

[87] ZMECHCKSKAL Z. Application of the Fuzzy-Stochastic Methodology to Appraising the Firm Value as a European Call Option [J]. European Journal of Operational Research, 2001 (135).

[88] CARLSSON C, FULLER R. A Fuzzy Approach to Real Option Valuation [J]. Fuzzy Sets and Systems, 2003 (139).

[89] WU H C. Pricing European Options Based on the Fuzzy Pattern of Black-Scholes Formula [J]. Applied Mathematics and Computation, Computers & Operations Research, 2004 (31).

[90] YAO J S, CHEN M S. Valuation by Using a Fuzzy Discounted Cash Flow Model [J]. Expert Systems with Applications, 2005 (28).

[91] YOSHIDA Y. The Valuation of European Options in Uncertain Environment [J]. European Journal of Operational Research, 2003 (145).

[92] WU H. Using Fuzzy Sets Theory and Black-Scholes Formula to Generate Pricing Boundaries of European Option [J]. Applied Mathematics

and Computation, 2007 (185).

[93] THIAGARAJAHA K, APPADOOB S, THAVANESWARANC A. Option Valuation Model with Adaptive Fuzzy Numbers [J]. Computers and Mathematics with Applications, 2007 (5).

[94] ZMECHCKSKAL Z. Application of the fuzzy - stochastic methodology to appraising the firm value as a European call option [J]. European Journal of Operation Research, 2001 (2).

[95] MUZZIOL S, REYNAERTS H. American Option Pricing with Imprecise Risk-Neutral Probabilities [J]. International Journal of Approximate Reasoning, 2007 (10).

[96] Yuji Yoshida, Masami Yasuda, Jun-ichi Nakagami, et al. A New Evaluation of Mean Value for Fuzzy Numbers and its application to American Put Option under Uncertainty [J]. Fuzzy Sets and Systems, 2006 (157).

[97] MODIGLIANI F., MILLER M. The Cost of Capital, Corporation Finance, and the Theory of Investment [J]. American Economic Review, 1958 (3).

[98] MODIGLIANI F., MILLER M. Dividend Policy Growth and the Valuation of Shares [J]. The Journal of Business, 1961 (4).

[99] MYERS S. C. Interaction of Corporate Financing and Investment Decisions-Implications for Capital Budgeting [J]. Journal of Finance, 1974 (1).

[100] STUART S. Doing a Deal? Check out ROV [J]. Mergers Acquisitions Report, 1999 (17).

[101] MYERS S C. Determinants of Corporate Borrowing [J]. Journal

of Financial Economics, 1977 (2).

[102] HOWELL S, JAGLE A. Laboratory Evidence on How Managers Intuitively Value Real Growth Options [J]. Journal of Business Finance & Accounting, 1997 (7).

[103] BUSBY J, PITTS C. Real Options in Practice: An Exploratory Survey of How Decision Makers in Industry Think about Flexibility [J]. Management Accounting Research, 1997 (8).

[104] MERTON, R. Applications of Option-Pricing Theory: Twenty-Five Years Later [J]. The American Economic Review, 1998, 88 (3).

[105] MILLER L T, PARK C S. Decision Making under Uncertainty-Real Option to the Rescued [J]. The Engineering Economist, 2002 (2).

[106] COX J. C, ROSS S. A., RUBINSTEIN M. Options Pricing: A Simplified Approach [J]. Journal of Financial Economics, 1979 (7).

[107] Trigeorgis, Lenos, Mason S. P. Valuing managerial flexibility [J]. Midland Corporate Financial Journal, 1987 (1).

[108] FISHER B, MYRON S. The pricing of options and corporate liabilities [J]. Journal of Political Economy, 1973 (4).

[109] GESKE R. The Valuation of Corporate Liabilities as Compound Options [J]. Journal of Financial and Quantitative Analysis, 1977 (12).

[110] ZHAO C, Colson Greg, Karali Berna, et al. Drop - in ready jet biofuel from carinata: A real options analysis of processing plant investments [J]. GCB Bioenergy, 2021 (10).

[111] Jacob A. Klapper. Commentary: Perceived versus real threat and the nuclear option [J]. The Journal of Thoracic and Cardiovascular Surgery, 2020 (161).

[112] Matteo Balliauw, Hilde Meersman, Eddy Van de Voorde, et al. Towards improved port capacity investment decisions under uncertainty: a real options approach [J]. Transport Reviews, 2019 (4).

[113] CHENG Y, CLARK S P. Real Options with Endogenous Convenience Yield [J]. Journal of Corporate Accounting & Finance, 2019 (3).

[114] Marc Chesney, Pierre Lasserre, Bruno Troja. Mitigating global warming: a real options approach [J]. Annals of Operations Research, 2017 (1-2).

[115] SERVATi Y, Hassan Ghodsypour S, Shirazi M. A. The use of Fuzzy Real Option Valuation Method to Rank Giga Investment Projects on Iran's Natural Gas Reserves [J]. Journal of Fundamental and Applied Sciences, 2017 (9).

[116] Farnaz Farzan, Khashayar Mahani, Kaveh Gharieh, et al. Microgrid investment under uncertainty: a real option approach using closed form contingent analysis [J]. Annals of Operations Research, 2015 (1).

[117] Vytvytska U. Ya. General principles of application of the real options valuation in investment analysis [J]. Economic Processes Management, 2015 (2).

[118] Ofori Charles Gyamfi, Aboagye Anthony Q. Q., Afful Dadzie Anthony, et al. A real options approach to assessing the cost savings potential of renewable energy adoption among SMEs in Ghana [J]. Climate Policy, 2022 (7).

[119] WANG J Q, GUO MJ. Volatility Valuation of Real Options and Optimization of University Course Selection Mechanism [J]. Frontiers in E-

conomics and Management，2022（7）.

［120］ WANG J H，WANG W L. A Fuzzy Set Approach for R&D Portfolio Selection Using a Real Options Valuation Model［J］. Omega，2007（3）.

三、论文类

［1］赵振武. 风险投资评估与决策研究［D］. 天津：天津大学，2005.

［2］范丽斌. 基于实物期权的高科技企业价值评估研究［D］. 镇江：江苏大学，2008.

［3］王大维. 高新技术企业价值评估［D］. 北京：首都经济贸易大学，2007.

四、报纸类

John A. Byrne. Virtual Organization［N］. Business Week，1993（8）.